DAS LEBEN IST SCHEISSE!

AF281616

Dies ist doch nur etwas, das Sie und ich und viele andere (wahrscheinlich sehr viele sogar) schon lange sagen, doch kaum einer hört uns zu oder versucht wenigstens uns zu verstehen. Wie viel Mühe hat uns das schon gekostet. Wie oft schon haben wir es laut hinaus geschrien, dieses kleine, doch so bedeutende Wort.

Eines kann ich Ihnen jedoch von ganzem Herzen sagen:

Ich **verstehe** Sie total!

Das möchte Ihnen dieses Büchlein übermitteln. Und am Ende werden Sie Ihre eigene Meinung über das Leben noch mal überprüfen und vielleicht kann man da ja doch noch etwas ändern, wenigstens in dem man nun sicher sein kann, **DASS** das Leben tatsächlich Scheiße ist! Nur dass Sie wissen, Sie sind nicht allein.

Und indem Sie dies lesen, werden wir immer mehr!

Enrico A. Kern

DAS LEBEN IST SCHEISSE!

ISBN 3-8311-4841-4

Inhalt

Vor Wort:

Im Anfang war das Wort:
  (**Wort**, kleinste, als selbständige Äußerung vorkommende Einheit der Sprache.) (Wahrig, Deutsches Wörterbuch.)

Lieber Leser, haben Sie auch manchmal das Gefühl, mal ganz ehrlich, dass da etwas ziemlich schief geht in unserem Leben? (Und mit welchem Wort äußern Sie sich darüber?).
  Die vielen guten Sprüche:
  Das wird schon wieder!
  Alles wird gut! (Schönen Gruß auch an Nina Ruge.)
  Das Gute siegt immer!
  Du musst das einfach mal positiv sehen!
  Vielleicht hat es seinen Sinn, wer weiß wozu das gut ist? usw.

BULLSHIT!!! _(engl. Rindviehscheiße.)_
Wie ist es denn wirklich? Die Guten gewinnen doch nur im Film. Oder können Sie sich vorstellen, dass Richard Kimble oder Rambo im echten Leben davonkommen könnten?
  Sehen wir nicht die tatsächliche Wirklichkeit? Man braucht doch nur 10 Minuten irgendwelche Nachrichten zu lesen oder im Fernsehen zu sehen – Mord und Totschlag sind tagtäglich Realität – die Gangster, Ganoven, die Korrupten, Ausbeuter und Betrüger leben in Saus und Braus.

Je mehr davon geschnappt, verurteilt und bestraft werden, um so mehr erscheinen wieder auf der Bildfläche.

Es wäre auch schlimm, wenn es plötzlich nur noch „Gute" gäbe, wovon sollten dann die Boulevardblätter leben, oder die Polizisten und das FBI?

Eine Welt ohne Verbrecher – ein steiles Ansteigen der Arbeitslosigkeit!

Dabei bleiben die Meisten jedoch im Hintergrund, werden gar nicht erst entdeckt oder auch nur erwähnt.

Und der Ehrliche, der kleine Mann, eigentlich jeder Normale, also Sie und ich und die meisten anderen, sind die Dummen.

Ja es ist doch oft sogar, daß gerade die „Guten" im Leben am meisten auf die Schnauze fallen. Es genügt doch heutzutage schon allein ein anständiger Handwerker zu sein – und die Schneider´s dieser Welt ändern die Besitzverhältnisse auf ihre Art.

Auch wenn die Banken ihre Verluste als „Peanuts" abschreiben, der „Kleine Mann" bleibt der Angeschissene.

Betrachten wir die täglichen Horrormeldungen der Presse: Weltweite Wirtschaftskrisen, Hungersnöte, Kriege (Seit 1945 wurden weltweit über 200 Kriege geführt, bei denen über 6,5 Millionen Menschen starben.) Wer das noch überlebt hat starb an Aids, Cholera oder Typhus.

Mord, Raub und Totschlag bis hin zu Selbstmord-Attentaten und Terror.

Da erscheinen unsere kleinen Probleme recht unbedeutend: Firmenpleiten und Arbeitslosigkeit, gekürzte Sozialhilfen und Renten, hohe Benzinpreise, ein teurer Euro usw.

Die Gerichte haben dagegen Hochkonjunktur, die Scheidungsraten sind so hoch wie nie zuvor, es wird gestritten, gemobbt und betrogen.

Der Berg an Scheiße wächst unaufhaltsam!

Haben Sie sich schon mal gefragt ob das so in Ordnung ist?

Dies ist ja nur das Offensichtliche, das, was man überall beobachten kann. Wenn man jedoch einmal das eigene Leben anschaut, einmal ganz genau betrachtet, da gibt es noch zusätzlich eine große Menge Scheiße, die uns das Leben wirklich bietet.

Und Sie und ich und viele andere (wahrscheinlich sehr viele sogar) haben es schon oft gesagt, doch kaum einer hört uns zu oder versucht wenigstens uns zu verstehen. Wie viel Mühe hat uns das schon gekostet. Wie oft schon haben wir es laut hinaus geschrien, dieses kleine, doch so bedeutende Wort.

Eines kann ich Ihnen jedoch von ganzem Herzen sagen: Ich **verstehe** Sie total!

Das möchte ich Ihnen nun mit diesem Büchlein übermitteln. Und am Ende können Sie Ihre eigene Meinung über das Leben nochmal überprüfen, vielleicht kann man da ja doch noch etwas ändern, wenigstens in dem man nun sicher sein kann:

Dass das Leben tatsächlich Scheiße ist! Nur dass Sie jetzt wissen, Sie sind nicht allein.

Und indem Sie dies lesen, werden wir immer mehr!

Kapitel 1

Wie alles beginnt.

Also, noch mal: Im Anfang war das Wort:
(**Wort**, kleinste, als selbständige Äußerung vorkommende Einheit der Sprache.)

Die Herkunft des Wortes „Wort" selbst ist aus dem Gotischen: wau´rd, auch verwand mit dem lateinischen: Verbum und dem litauischen: var´das „Name" und gehört zu der indogermanischen Wurzel: uer – „sagen, sprechen".

Es ist der Übergang aus der abstrakten geistigen Welt der Vorstellung eines Individuums in das Physische, in dem es nun auch für den Nächsten und die Umgebung erfahrbar übertragen werden kann.

Es ist der Ausdruck einer Bedeutung, der Beginn einer Sprache überhaupt. Es benennt etwas, gibt ihm einen Namen, in dem es ausgesprochen und heute auch geschrieben wird.

Und es ist tatsächlich die Wurzel allen Übels
in der menschlichen Kommunikation.

Und was sagt uns das Wort?
Scheiße? (lat. ex-crementum = Ausscheidung) Das Wort ist aber auch verwandt mit „spalten, trennen, absondern". Heutzutage oft verwendet als derbes Kraftwort für etwas,

das als schlecht, mißglückt, unangenehm o.ä. angesehen wird.

Also etwas, was man hinter sich lässt!

Unser Körper betreibt also eine biologisch – chemische Analyse, in dem er unsere Nahrung nach Brauchbarem untersucht und Unnützes herauslöst und aussondert.

Das Ergebnis ist, dass was hinten raus kommt, wenn's raus kommt!

Da kommt's raus!!!

Und nun beginnen wir damit, UNSER LEBEN zu analysieren, mit all der Scheiße, die da drin steckt und auch mit dem vielleicht Brauchbaren!

Und zwar mit einer völlig einfachen und logischen, teilweise verblüffenden Art und Weise und mit viel Spaß und tollen Entdeckungen!

Also, lieber Leser, wie hat denn das Leben begonnen? Hat Sie dieser kleine Umstand, daß der Geburtskanal (und beim Mann der „Lebensspender") direkt neben dem After liegt, nicht schon zum Nachdenken veranlasst? Dass schon von Natur aus Leben und Scheiße eine ziemlich nahe Verbindung haben.

Es scheint, dass der Mensch sozusagen eine Ausscheidung seiner Selbst ist oder eine Art Abfallprodukt sexueller Vergnügungen. Und tatsächlich wird es uns noch öfters in unserem jämmerlichen Dasein (ja sogar Da-Sein-müssen) genau so vorkommen.

Wie alles beginnt: Am Anfang doch recht schmerzvoll (meistens) für Mutter und den Neuling. Da wirst du einfach in die Welt geknallt, aus dem schönen warmen Bauch, mit allem gut versorgt. Einfach hinausgepresst ins kalte beißende Licht.

In eine Umgebung, von der Sie keine Ahnung hatten, hilflos und schutzlos machten Sie mit Ihnen einfach was sie machen wollen – und egal, wo immer Sie auch auf diese Welt gekommen sind, was hätten Sie damals gedacht, wenn Sie dieses kleine Wörtchen (Scheiße) schon gekannt hätten? Und die Meisten von uns haben es, uuhäääähhh (Babysprache, heißt soviel wie „ Verdammte Scheiße, ich will wieder zurück in meinen schönen warmen Bauch und an meine gute alte Nabelschnur".)

Später haben sie uns dann etwas beruhigt, als wir an Mammis Busen durften.

Aber sobald die dann mit dem Babybrei aus der Chemieküche angerückt kamen, da war's wieder uuuhhaäääähh!!!

Also es blieb Scheiße und was hat sich bis heute verändert? Nun fragt sich der aufgeweckte Leser: Und warum das Ganze? Wie kann denn diese Scheiße Sinn machen?

Monty Python sangen in ihrem Lied über die schönen Dinge des Lebens:

„life is a piece of shit, when you look at it".

(Frei übersetzt: „Genau betrachtet ist das Leben ein Stück Scheiße".)

Eine Denkanregung für Science-Fiktion Fans: „Könnte dieser Planet, dieser Krümel Dreck im Universum, nicht auch ein winziger Brocken in einem Großen Haufen ... sein"? Und wir sind nicht mehr als die fetten Schmeiß-Fliegen, die sich darauf festgeklebt haben.

Wer könnte es sein, der dieses Universum ausgeschieden hat? Gab es eine galaktische Müllverwertung? Und sind wir dann als Sondermüll auf dem Planet Erde deponiert und entsorgt worden?

Egal ob wir an die Erb-Sünde-Theorie oder die Verbannungs-Theorie durch Außerirdische Un-Intelligenzen glauben oder an gar nichts.

Fakt ist: Du bist nun da – zwar weißt Du noch nicht wo, warum und was das Ganze soll, aber es geht gleich weiter, denn jetzt wird es Dir beigebracht.

Bitte verzeihen Sie mir, daß ich so persönlich geworden bin, dies wird wahrscheinlich im Laufe des Buches öfters passieren, weil es doch ein ziemlich persönliches Thema ist, oder? Konnten Sie mir bis hierher zustimmen? Sehen Sie, wie gut ich Sie verstehen kann? Nun, dann lesen Sie getrost weiter, denn es gibt weiter hinten im Buch dann auch Dinge, die so sehr mit Ihnen übereinstimmen, als hätten Sie sich dieses Buch selbst geschrieben und vielleicht habe ich es Ihnen nur etwas erleichtert, indem ich es aufschrieb. Aber indem Sie dies lesen, entsteht ganz automatisch ein weiteres Buch – eines, in dem meine Erfahrungen mit den Ihren sich verbinden und neue Gedanken darüber entstehen.

Noch etwas: Schauen Sie sich doch einmal um auf dieser Welt – ob in der Tier- oder Pflanzenwelt, so unbeholfen und dumm wie wir Menschen kommt kaum ein anderes Lebewesen hervor. Wir brauchen mehrere Jahre, bis wir überhaupt einigermaßen mit unserem Körper zurechtkommen – ohne fremde Hilfe wären wir bereits nach einigen Tagen wieder dahingeschieden.

Aber wie sieht diese „Hilfe" denn aus?

Wir lernten durch Nachmachen, was uns unsere Altvorderen vormachen.

Dazu sagt Jean Paul Sartre (Die Wörter) „Meine Wahrheit, meinen Charakter und meinen Namen hatten die Erwachsenen in der Hand. Ich hatte gelernt mich mit ihren Augen zu sehen, ich war ein Kind, ein Monstrum, das sie mit Hilfe ihrer eigenen Sorgen fabriziert hatten."

Was also soll auch dabei schon herauskommen? Ein Affe lernt halt nur, was seine Mitaffen ihm voräffen. Und fanden unsere Eltern nicht auch ihr Leben scheiße? Oft schon, nur war man damals etwas vorsichtiger in der Wortwahl. Man sagte dann eher: „Es hat halt nicht sein sollen" oder „wir sind doch nur kleine Leute". „Man muss eben mit dem zufrieden sein, was das Leben einem schenkt!" Die Frommen sagten „Es war der Wille des Herrn" und dergleichen mehr.

Und das bekamen wir dann in die Wiege gelegt, ein jeder nach seiner Herkunft, Abstammung und was man halt für Onkel und Tanten hatte, die sich um einen kümmerten.

Außerdem braucht es eine ganze Weile, bis wir uns langsam bewußter werden und überhaupt fähig sind, einen klaren Gedanken zu fassen; es ist, wie wenn man nach einer kräftig durchzechten Nacht gegen Mittag in einem fremden Bett erwachen würde.

Wo bin ich? Und wer sind diese anderen unbekannten Personen in meinem Bett?

Man kommt sich recht dumm vor?

Aber genau das hat einen tieferen Sinn:

Weil wir ja so intelligent **sind, hat man uns deswegen so sehr im Dunkeln gelassen. Denn wüssten wir, was auf uns zukommt, käme keiner auch nur in die Nähe eines weiblichen Eies! Oder überhaupt in dieses Universum?**

Und was ist INTELLIGENZ denn überhaupt?

Zugrunde liegt das Lateinische Wort „intellegentia", das soviel heißt wie „Einsicht, Verstand, Fassungsvermögen, oder auch „intel-lego" – wahrnehmen, merken, ersehnen, erkennen, empfinden. Sie sehen, es ist ein weites Feld, ein großes Gebiet. Es beschreibt quasi das gesamte geistige Lebenspotential.

Heutzutage wird dies gerne mit sogenannten IQ- (Intelligenzquotient) Tests gemessen und bestimmt. Leider umfassen diese Tests zumeist nur die analytische Intelligenz – also das rein theoretische Denken: Auswendiglernen, Gedächtnisübungen und Vorgegebenes nachplappern. Kreativität und eigenständiges konstruktives Denken werden so gut wie nicht gemessen. Noch weniger die sozialen Fähigkeiten wie Partnerschaft, Teamfähigkeit, Ehrlichkeit und schon gar nicht „Ethisches Verhalten". Dabei sind gerade diese Fähigkeiten besonders wichtig, um im Leben einigermaßen erfolgreich zu sein. Es sei denn, man macht nur einen Job als Rechen- und Gedächtniskünstler.

Egal, wie dem auch sei – vor jeden Erfolg gehört zunächst die Fähigkeit, „lernen" zu können. Und dies ist ein weiteres großes Spiel.

Kapitel 2

Lernen ist schmerzhaft

Du hast doch nur Scheiße im Hirn! (...könnte ein Lehrer gesagt haben.)

Aufregen? Nein, es ist ja was Wahres dran. Wie hat denn das begonnen? Mit 1-2 Jahren oder früher: Adda Adda gehen, buh buh machen, das ist bah oder bäh oder sonst was. In die **Heia** gehen viele von uns noch heute ...

Aber nur, weil „ins Bett gehen" fast schon wieder unanständig ist. Das ist doch alles AA, oder? Denn es dauert nicht sehr lange und Du wirst äußerst streng bestraft, wenn Du das, was Du Dir so mühevoll eingeprägt hast, noch verwendest. Plötzlich darfst Du nicht mehr lulu machen oder Häufie, sondern musst fragen ob Du „mal raus" gehen darfst. Wenn das nicht ein großer Haufen ...

Ich will hier wirklich niemand anklagen oder beschuldigen, zumeist haben unsere Eltern es ja selber nicht besser gelernt. Und das mit dem Lernen ist ja wirklich so eine Sache.

Angefangen hat es mit vielen Schmerzen, Beulen und allerlei Missgeschick, für die es meistens mehr Geschrei von der Umgebung gab, als man selber als Sprach-Unkundiger zustande bringen konnte. Dann kamen die ersten Zähne und dergleichen. Kleine oder größere Verletzungen an Steckdosen, Reißzwecken und heruntergezogenen Tischdecken; dabei wollte man ja lernen, jedenfalls bis dahin. Man könnte meinen, daß jeder von uns davon einen Schaden fürs ganze Leben davon trägt und die Psychologen haben uns das gerne immer wieder aufs Lebens-Brot geschmiert.

Inzwischen gibt es jedoch einige weitergehende Forschungen, wobei sie herausfanden, dass Menschen eventuell in ihren weiteren Lebenserfahrungen dazulernen könnten und es so etwas wie eine Persönlichkeitsänderung geben könnte. Davon aber später mehr, denn vor allen Erfolg, (Persönlichkeitsverbesserung könnte ja auch ein Erfolg sein), hat der große Meister den Sch(w)eiß des Lernens gesetzt.

Und als man gelernt hat, dass alles erst einmal weh tut, musste man in die Schule.

Und da sagte man uns: Jetzt muß lernen Spaß machen... oder es wird Ernst!!!

Verdammt, dabei hat keiner uns gesagt, **wie** man lernt. Wenn man nicht genau das sagte, was in den Lehrbüchern stand oder was uns so ein Lernantreiber vorgekaut hatte, gab es schon wieder Schmerzen.

Dann kamen solche Sprüche: Du lernst es nie! Du kannst einfach nicht lernen. Geht denn das nicht rein in deinen dummen Schädel?

Das Schlimmste jedoch ist, die meisten Lehrer, Pädagogen und Psychologen wissen selber nicht genau wie das geht mit dem Lernen. Ich habe sehr viele Kurse und Seminare über Lernen besucht – am Ende bekommt man nur einige Tricks, wie man etwas so „eintrichtert", dass man es papageiartig nachplappern kann, so dass man in etwa eine Ahnung hat worum es geht, aber wirklich VERSTEHEN und dann auch noch praktisch umsetzen, kann man den Krempel immer noch nicht.

Und so kommt es, dass wir (wenn schon nicht körperlich, weil man uns dann erst recht wieder weh tut, dann wenigstens geistig) langsam aber sicher abhauen. Aber da das meistens mit noch mehr Ärger verbunden ist, müssen wir uns eben einige andere Tricks einfallen lassen, um wenigstens geistig nicht da bleiben zu müssen.

Aber wie? Früher brauchten wir nur mal wieder uuuäääähhh zu machen und letztendlich gaben unsere genervten Eltern dann doch nach und wir erhielten etwas Aufmerksamkeit für unsere Sorgen und Nöte.

Doch heute klappt das nicht mehr so, wir müssen neue Geschütze auffahren. Das bedeutet, uns wird einfach schwindlig, Kopfschmerzen, Übelkeit und zuweilen auch Erbrechen.

Da greifen wir tief in die Trickkiste, da werden wir dann plötzlich recht kreativ! Da erfinden wir Krankheiten, die es bisher noch gar nicht gab. Oder wir werden einfach immer soooo müüde, -gähn. Selbst wenn wir dann mal etwas ausschlafen konnten – kaum sehen wir ein Klassenzimmer – schon fangen wir wieder an zu gähnen.

Es ist wie in einem Alptraum, in dem man sich nicht sicher ist, ob er real ist oder nicht. So entsteht langsam immer mehr eine Spannung – einerseits wollen wir abhauen, andererseits müssen wir da bleiben, sonst versauen wir uns durch die vielen schlechten Noten unser Leben noch mehr.

Es ergibt sich dann daraus, daß wir nach Hilfsmitteln suchen. Die Pharmaindustrie hat da genügend anzubieten. Einerseits zum Beruhigen, andererseits zum Wachhalten; und so kommt es oft, das unsere Scheiße sich vergrößert.

Weil wir jetzt nicht nur nicht mehr abhauen können, sondern immer mehr gezwungen sind uns das Zeug zu beschaffen, das es uns einigermaßen erträglich macht, da zu bleiben.

Auch wenn wir uns von den „Hilfsmitteln" weitgehend ferngehalten haben, so bleibt doch als letzte Erkenntnis: „Lernen ist Scheiße!" Eines haben wir davon aber mitgenommen: Wenn Sie mal nicht schlafen können, lesen Sie einfach ein Buch, am Besten was ganz Kompliziertes, das hat in der Schule funktioniert, das hilft auch heute noch.

So bleibt auch das Lernen immer etwas Schmerzhaftes, nicht umsonst ist die Selbstmordrate gerade bei Schülern und Studenten am höchsten. Dies wird jedoch nicht großartig bekannt gemacht, weil jeder weiß – man kann ja sowieso nichts daran ändern.

Denn: Lehrjahre sind keine Herrenjahre! Aber: Was Hänschen nicht lernt, lernt Hans nimmermehr. Also kann man sich ausrechnen, welche Jahre einem bevorstehen, wenn man so weitermacht. Wenn das nicht schon Scheiße genug wäre.

Somit zeigt sich, dass da doch etwas dran ist an dem Ausspruch: Wissen ist Macht!

Die, die wirklich „WISSEN", erzählen es nicht, um ihre Macht zu erhalten; die, die wahrscheinlich nichts wissen, tun so als ob und verkaufen ihr „Wissen" für Geld oder dadurch, dass sie Suchende ausbeuten. Sie üben also auf diese Weise ihre Macht aus.

Und die, die tatsächlich was wissen und auch nur beginnen etwas davon auszuplaudern, werden wie bei der Mafia auf „freundliche" Weise zum Schweigen gebracht. Also, wozu das alles lernen, wozu Wissen erarbeiten, wenn es erstens schmerzhaft ist und es zweitens dann keiner wissen will. DAS ist doch die große Scheiße, oder?

Aber es kommt noch dicker. Bitte bleiben Sie dran. (Jetzt kommt keine Werbung.)

Kapitel 3

Keiner versteht mich.

Schlimm genug, dass wir schon selber nicht verstehen können, was man uns so mühevoll beibringen wollte – jetzt fangen wir an uns zu wehren. Das haben wir noch nicht verlernt. Die meisten hatten doch tatsächlich den Mut und fragten.

Warum, wozu, weshalb und wie überhaupt? Aua!

Da wurden wir doch tatsächlich falsch verstanden – es war ja auch nur ein Versuch. Und auf eine dumme Frage bekommt man eben eine dumme Antwort, oder auch mal eine Ohrfeige.

Übrigens, was ist eigentlich **Verstehen**? Bitte entschuldigen Sie, ich hatte vergessen, dass man so etwas nicht fragen sollte, es soll nicht wieder vorkommen. Können Sie mich verstehen? Sicher, weil ich Sie ja auch verstehe, schließlich hatte ich Ihnen dies am Anfang versprochen.

Die große Scheiße ist: Die meisten Kriege, Scheidungen und überhaupt alle zwischenmenschlichen Probleme lassen sich letztendlich auf Missverständnisse zurückführen. Diese Missverständnisse entstehen teils aus Unwissenheit, aber sie werden auch oft ganz bewusst eingesetzt, um Zwietracht zu säen.

In der Charta der UNESCO steht:

„Da Kriege im Geist der Menschen entstehen, müssen auch die Bollwerke des Friedens im Geist der Menschen errichtet werden".

Später, meist viel später deckt dann irgend jemand diese Missverständnisse auf und es ist wirklich witzig, worum man sich eigentlich gestritten hatte oder worüber wir uns geärgert hatten.

Interessant dazu ist auch der Spruch von Josh Billings (alias Wheeler Shaw, 1815-1885, amerikanischer Literat und Humorist).

„It ain't the things, we don't know, that get us into trouble. It is the things we know that ain't so."

(Es scheint nur so, als seien es die Dinge, die wir nicht wissen, die uns in Schwierigkeiten bringen. Dabei sind es die Dinge, die wir glauben zu wissen.)

Lesen Sie dazu das „Lexikon der populären Irrtümer" von Walter Krämer und Götz Trenkler. Meistens ist es jedoch wirklich nur Scheiße, worüber gestritten und ge-wissenschaftet wird.

Missverständnisse können falsch verstandenes genauso beinhalten wie nicht verstandenes oder einfach Unwissenheit und Dummheit. Wobei Dummheit doch nur einfach die Abwesenheit von Wissen ist.

Ein berühmtes Beispiel beschreibt Jonathan Swift in seinem Buch Gullivers Reisen: Da gibt es ein Volk, das gegen sein Nachbarvolk Krieg führt, weil diese ihre Frühstücks-Eier am dicken Ende aufschlagen, wo doch jeder weiß, daß man sie nur am schmalen Ende aufzuschlagen hat.

Vielleicht finden Sie auch einige Beispiele von Kriegen, Streitereien und ähnlichem, die letztendlich auf Mißverständnissen beruhen. Wahrscheinlich können Sie so viele Beispiele finden, wie es Dinge gibt, worüber man sich streiten kann.

Ein Wort über die Wahrheit. Stellen Sie sich vor, die Politiker, die Volksverkäufer, würden einfach sagen: Das Einzigste was wir wirklich wollen ist doch nur Ihr Geld, rücken Sie es einfach raus und die Sache ist in Ordnung. Was tun sie jedoch?

Sie versprechen (und es sind tatsächlich oft nichts als „Versprecher") uns großartige Programme, sie reden und reden und versprechen und versprechen und erfinden die tollsten Steuerreformen, Sozialprogramme usw. Noch schlimmer sind die „Wohltätigkeitsspendensammler".

Warum diese Umwege? Sollen sie uns doch einfach sagen: Überweisen Sie am Monatsanfang Ihr Gehalt an uns und wir lassen Sie dafür in Ruhe! Das wäre doch mal ehrlich. Oder? Wahrscheinlich – aber auch dumm, wie es der bekannte Nachrichtensprecher Ulrich Wickert so treffend in seinem Buch schreibt: „Der Ehrliche ist immer der Dumme".

Wer will da noch freiwillig als „Ehrlich" gelten? Und, warum ist der Mensch denn überhaupt dumm? Nun ist ein Mittel gegen Dummheit eben: Lernen. Da wir aber seit Langem bereits die Erfahrung gemacht habe, dass Lernen schmerzhaft ist, bleiben wir lieber dumm.

Doch einige unter uns haben da so einen inneren Drang, man könnte sagen, sie sind gierig. Gierig auf Neues – kurz: Neugierig. Das sind die Zeitgenossen, die immer fragen:

Und warum? Wieso eigentlich? Woher kommt's? Wer hat das gesagt?...und wie kommen die Löcher in den Käse?

Isaac Newton (1643-1727) Physiker und Astronom, der Entdecker der Mathematischen Prinzipien der Naturlehre, sagte kurz vor seinem Tod: „Ich weiß nicht, wie ich der Welt erscheine, aber mir selber komme ich vor wie ein Knabe, der am Strand spielt und sich darüber freut, wenn er ab und zu ein buntes Steinchen oder eine Muschel findet, während sich der Ozean der Wahrheit unerforscht vor ihm ausdehnt."

Stürzen wir uns drauf, finden wir's heraus, es ist wie bei einer gigantischen Zwiebel, hinter jeder Schale kommt die Nächste zum Vorschein.

Was könnten wir alles erfinden? Zeitmaschinen? Tarnkappen? Unfehlbare Lottosysteme? Stellen Sie sich vor, jemand würde einen Automotor erfinden, der mit Scheiße fährt. Man würde unterwegs stecken bleiben, weil man seit Tagen nicht aufs Klo konnte. Abführmittel würden der große Renner sein.

„Montezumas Rache" (Durchfallerkrankung, die Touristen befällt, weil sie in heiliges Gebiet eingedrungen sind und die Rache der Götter nach sich ziehen) wäre ein Segen für die Verkehrswelt.

Es würde zur Pflicht werden, in Zügen und Bussen die Toilette aufzusuchen, um immer genug Treibstoff zu haben. Schon macht man die ersten Versuche mit Biogas, Energie kann bereits aus Scheiße gewonnen werden, da ist es nicht mehr weit zum Furz-Motor.

Spaß beiseite, wir wollten uns doch mit dem Wörtchen am Anfang beschäftigen. Und mit der Gefahr, die darin steckt. **Ob Sie es glauben oder nicht – Worte können töten!**

Und sie werden dazu auch wie Waffen eingesetzt. Ob in der Politik, in der Presse oder teilweise unbewusst auch im täglichen Leben von uns allen. Dazu braucht man nicht erst Propagandaminister zu sein. Es gibt eine ganze Industrie, die davon lebt, solche Worte zu produzieren.

Seit jeher benutzte man Worte um jemanden ungestraft töten zu können: Neger, Juden, Hexen, Untermenschen... (Nur Worte)!!! Ja, nur wurden von einigen einfallsreichen Leuten noch ein paar Bedeutungen zu diesen Worten hinzugefügt.

Man sagt einfach „ Die Juden sind unser Unglück"! So das war's, jetzt bringt sie um! Oder „ Neger sind von Natur aus dümmer als Weisse". Wenn einer wirklich will, so läßt sich da eine ganze Menge schöner Bedeutungen erfinden. „Wir müssen kein Mitleid mit ihnen haben, keine Schuldgefühle und keine Bestrafung dafür erwarten, wenn wir sie töten."

Was ist passiert? Die Personen, die diskriminiert oder diskreditiert wurden, sind doch im Grunde die Gleichen geblieben, die sie vorher waren. Es wurden nur die „Bezeichnungen" oder „Erkennungsmerkmale" für sie geändert.

Sind einmal genug „Wahrheiten" über einzelne Personen oder Menschengruppen verbreitet worden, könnten wir ungeniert draufschlagen. Wir waren da schon immer sehr kreativ. („Wir" = die Menschheit) Es ist im Grunde nur eine einfache Schwarz/Weiß-Malerei, doch immer und immer wieder fallen viele (manchmal auch gerne und bewusst) darauf herein.

Ob Religiöse, Politische oder Rassentheorien als Anlass genommen werden, wir sind die Guten, die sind die Bösen, wir sind die wahren Gläubigen, die sind die Ungläubigen.

Gerade eben wurde der Begriff: „Gotteskrieger" zum Unwort des Jahres 2001 erklärt, doch er ist immer wieder gern gebraucht

Es gibt auch so etwas wie Ruf-Mord. Da werden Gerüchte über jemanden verbreitet, die, auch wenn sie vielleicht einen kleinen Funken Wahrheit enthalten, doch so sensationsmäßig aufbereitet werden und dann Stück für Stück dazu führen, eine Person, eine Gruppe oder eine Firma zu ruinieren. Und wenn dies einmal recht in Gang geraten ist und sich so weit verbreitet hat, dann ist es kaum mehr möglich, den wirklichen Sachverhalt irgend wann wieder richtig zustellen. Oft hat sich die betroffene Person inzwischen schon das Leben genommen.

Ich glaube, davon hat jeder von uns so eine Ahnung.

Wenn man dann hört: Der oder die hat ... so und so ... mit ... und so weiter. Später sagt jemand: Die hat gar nicht...! Es gibt aber immer noch das Gerücht ... etc... wer weiß denn am Ende was wirklich war?

Besungen hat's Reinhard Mey in seinem Lied: „Weil's in der Zeitung steht". Aber dies sind nur WORTE...

Worte können Ängste, Schmerzen, Schocks verursachen. Früher fiel man in Ohnmacht bei Erwähnung bestimmter Worte. Was passiert dabei? Worte lösen als Symbole für Erlebnisse und Erfahrungen Gefühle und Emotionen aus, und wir verwechseln dann die Symbole mit der Realität.

Rufen Sie mal in einer Mädchenklasse: „Guck mal, eine Spinne!" Jeder kennt einige davon, die kleinen Reizworte, mit denen gestichelt und gequält werden kann. Dickarsch und dürres Elend, Dumpfbacke und Warmduscher etc. Und wer blond ist, ist sowieso ...

Erinnern wir uns beispielsweise an unsere Schulzeit, welche Worte bereiten uns noch heute Schmerzen und Schweißausbrüche? Hausaufgaben, Klassenarbeit, Sitzenbleiben, Zeugnisse ...und dergleichen mehr.

Au, au – ich will es gar nicht weiter treiben.

Für bestimmte Worte zur falschen Zeit und gegenüber den falschen Leuten ausgesprochen, kann man leicht schwer bestraft werden und es kann recht teuer werden, sogar ins Gefängnis kann man dafür kommen.

Und wie sieht es mit „Scheiße" aus?

Ich habe eine Reihe Bücher mit Zitaten berühmter Leute durchforscht: Über Scheiße habe ich keine gefunden! Ich bin mir jedoch ziemlich sicher, das dieses Wörtchen schon so mancher Berühmtheit oder hochwohlgeborenen Persönlichkeit aus dem Munde gerutscht ist.

Nur wär's wahrscheinlich zu unanständig, es auch noch zu zitieren.

Jeder fühlte sich schon mal „beschissen", jeder saß schon drin oder hatte auch mal Schiss. Schon so manches Mal hat uns was gestunken oder es ist was in die Hose gegangen. Aber eigentlich ist doch nichts schlechtes dabei, denn es wurde auch einstmals erschaffen. Und es hatte Sinn – Scheiße kommt von Aus-scheiden. Es muss aber nicht jeder gleich aufs Klo rennen, wenn er beim Monopoli „Ausscheiden" muss.

Und ERSCHAFFEN heißt ja „etwas aus sich selbst heraus bringen, kreieren, gebären", also auch wieder aus-scheiden. So wie jeder Gedanke aus Ihnen heraus gedacht oder „geboren" wird – na, dämmerts?

Sie erinnern sich? „ex-crementum", das Ausgeschiedene, also Sch... . Werden Sie es jemals noch als Beleidigung ansehen, wenn Sie jemand „Scheißer" oder „Arschloch" nennt? Kleiner Scherz.

Natürlich ist es erst einmal etwas Unangenehmes. Die Scheiße an sich ... oder das Leben ... Ob das, lieber Leser, am Ende vielleicht ein und dasselbe ist?

27

Galileo Galilei (1564-1642), der große Erfinder, Physiker und Mathematiker sagte über das All, man könne es mit einem Buch vergleichen, das der lesen kann, der auch die Sprache und Buchstaben lesen gelernt hat, mit denen es geschrieben wurde. Es sei in mathematischer Sprache geschrieben und die Buchstaben sind Dreiecke, Kreise und andere geometrische Figuren.

Auch diese Figuren sind Symbole mit bestimmten Bedeutungen, wie auch die Sprache unserer Worte. Untersucht man also ein Wort nach seiner Bedeutung, oft gibt es viele verschiedene, so findet man heraus, daß es sich ursprünglich aus Gesten und Lauten entwickelt hat. Irgend einer hat zuerst damit begonnen es zu benennen, und es machte Sinn und war logisch, so daß man übereinstimmen konnte, dieses ETWAS im Moment und eventuell auch in Zukunft so zu benennen.

Zuerst vielleicht, um es sich selbst zu erklären, dann um es auch anderen mitzuteilen. Andere nannten es zunächst vielleicht anders. Man mußte sich jedoch verständigen können, weil keiner gerne immer allein ist. Deshalb setzte man sich mit den Anderen auseinander, kommunizierte mit ihnen und einigte sich auf bestimmte Begriffe, um sich besser verstehen zu können. So entwickelte sich eine Sprache.

Richard Fester schreibt in seinem Buch Urwörter der Menschheit:„Die Sprache entstand zu einer fernen Zeit an nur einem Ort innerhalb einer kleinen Gruppe früher Menschen." Er entdeckte und veröffentlichte mit diesem Buch die Urwörter der Menschheit. Es ist eine phantastische Reise durch eine Vielzahl von Sprachen und gibt Einblick, wie logisch sich die Sprache aus den Urlauten entwickelt hat.

Eine Sprache ist nichts anderes als Laute mit Bedeutungen, worüber man sich einig geworden ist. Also eine Übereinkunft, dass etwas so oder so heißt. Oder was dies oder jenes ist und bedeutet oder was man damit anfangen könnte. Und der Sinn ist bereits in den Lauten vorhanden.

Man kann mit Worten etwas bestehendes beschreiben, aber auch etwas völlig neues entstehen lassen. Zu Beginn sind Worte, die etwas beschreiben, zunächst meistens ziemlich allgemein, die sogenannten Elemente: Feuer, Wasser, Luft und Erde, sind bei näherer Betrachtung jedoch einiges mehr und teilen sich in eine Vielzahl von Einzelbetrachtungen auf. Genauso verhält es sich mit den sogenannten Fünf Sinnen, Sehen, Fühlen, Riechen, Schmecken, Tasten. Bei näherem Hinsehen kann man außer dem Un-Sinn und dem Schwach-Sinn auch noch eine ganze Reihe von Sinnen finden. Z.B. den Sinn für Perspektive (den auch Blinde entdecken). Und den Sinn für Temperatur, Feuchtigkeit (des Körpers). Wenn Sie jetzt mal Ihre beiden Hände spüren, können Sie genau fühlen, welche von beiden sich wärmer anfühlt oder feuchter.

Dann gibt es einen Zeitsinn (Manchmal wissen wir wann es „zu Spät" ist.) Es gibt einen Sinn für Gewicht. Sie können genau wahrnehmen, wie schwer Sie z.B. auf einem Stuhl lasten. Sie können Ihre innere Muskelspannung fühlen, Ihren Herzschlag, Ihre Blutzirkulation usw. Und ob Sie Hunger haben oder durstig sind. (So wie ich im Moment!)

So kommt man vom Einfachen auf das Komplexe – und dann später wieder zurück auf den Zusammenhang. Es ist wie in der Mathematik, sogar genauso. Versteht man ein Wort nicht, so versteht man auch seine Bedeutung nicht, versteht man dann die Bedeutung, wird einem der Sinn klar. So wird der SINN geklärt.

Um etwas zu erschaffen, muß man es benennen. Ein Ding ist erst ein Ding, wenn es jemand ein Ding genannt hat.

Es muss ein Symbol oder eine Bezeichnung haben, damit wir es erkennen und kommunizieren und es auch als Wissen speichern können.

Besonders deutlich wird das in der Werbung. Ein Papiertaschentuch heißt inzwischen Tempo, auch wenn es von Nivea oder Hakle ist. Beobachten Sie, wie sich dieses Wortspiel entwickeln kann.

Ein Symbol ist ein Bild, ein Ab-Bild von etwas, das es repräsentiert. Es ermöglicht eine Vorstellung; um es zu vergleichen, kein Ding kann für sich allein stehen. Nicht mal ein NICHTS, man braucht ein Etwas, um es als Nichts zu erkennen.

Beweis: Finden Sie einen Gegenstand, den Sie erkennen, ohne ihn zu benennen. Sie werden bemerken, daß Sie automatisch einen Inhalt in Ihrem Denken haben, auch wenn Sie es still betrachten, irgend einen Begriff oder ein Bild muß in Ihrem Bewusstsein vorhanden sein, um es überhaupt wahrnehmen zu können.

Vorstellung = vor sich hin stellen , Be- deut- ung , Hinweis, Deutung, Ein- bild – ung.

Stellen Sie sich das mal vor, erst BILD-en Sie sich was ein und dann stellen Sie es vor sich hin, um es zu erreichen. Schöne Wortspiele.

Kennen Sie das? „Einbildung ist auch eine Bildung!" Richtig!

Worte sind Symbole für Dinge. Sie bedeuten also etwas. Oft ist jedoch die Bedeutung für verschiedene Dinge unterschiedlich und somit entstehen Mißverständnisse. Auch entstehen unterschiedliche Bewertungen und Meinungen. Manche Dinge kann man verschieden betrachten.

In unserer deutschen Sprache gibt es (im Gegensatz zu anderen Sprachen) ein Wort, das, wenn man es verwendet oder nicht, die Beziehung zu einem anderen Menschen, möglicherweise sogar sein ganzes Leben grundlegend verändern kann.

Es heiß: DU.

Nehmen Sie zum Beispiel einen Menschen, den Sie kennen, mit dem Sie „per Sie" verkehren – stellen Sie sich vor, er würde Ihnen nun das DU anbieten – könnte es sein, das Sie sich nun ein wenig näher kommen würden? So ist eine neue Beziehung entstanden – eine völlig neuer Ausgangspunkt. Jetzt ist es durchaus möglich, Freunde zu werden – und irgend wann wird geheiratet. Manchmal muß man auch zuerst heiraten, um dann endlich Du sagen zu können.

Vielleicht ist es ein wenig übertrieben – aber es ist ein Beispiel, wie ein einziges Wörtchen eine gravierende Veränderung in der Beziehung zwischen Menschen herbeiführen kann. Worte können lebensverändernde Wirkung haben!

Ein Elefant ist ein Elefant – wenn jedoch sechs verschiedene Leute aus sechs verschiedenen Richtungen mit verbundenen Augen auf diesen Elefanten zugehen, ihn berühren und dann beschreiben, was sie erfahren haben, gibt es sechs verschiedene Meinungen. Der Eine sagt, der Elefant ist rund und dick, der Andere sagt, er wäre lang und schmal usw. Jeder hat aus seiner Sicht recht, doch erst gemeinsam werden sie annähernd die Ganzheit herausfinden, indem sie ihre verschiedenen Gesichtspunkte austauschen. Und vielleicht werden sie dann den Elefanten weiter untersuchen?

Mit der Beschreibung des Elefanten an sich würden sie jetzt wahrscheinlich eine Gemeinsamkeit haben. Jedoch könnte es immer noch verschiedene Meinungen über die Nützlichkeit geben und wozu Elefanten gut sein könnten.

So lassen sich leicht die unterschiedlichsten Gesichtspunkte, Meinungen und Betrachtungen über eine Sache finden.

Was für den Entenjäger gut ist, ist nicht immer auch gut für die Ente.

Regen ist manchmal erfreulich für den Bauern, jedoch der Wanderer könnte nicht so begeistert davon sein.

Das ist es, was die Wissbegierigen, die Neu-Gierigen, die Forscher unter uns herausfinden und ergründen wollen!!! Das geht doch auf die Nerven! Das hält doch keine Sau auf Dauer aus! Das scheint tatsächlich eine Art Sucht zu sein, die wollen alles wissen, die bohren, graben, wühlen. Die sind schlimmer als die Steuerfahndung oder der Hauptfeldwebel bei der Stubenkontrolle. Wenn die einmal beginnen nach Schmutz zu suchen, die finden immer was. Die fangen schon als kleine Plagen an und entwickeln sich mehr und mehr zu wißbegierigen Monstern. Alles umgraben, das Unterste nach oben befördern. Diese „GEHEIMNIS" entdecken wollenden, wissensraffenden, erfolgshungrigen Wühlschweine. Die kennen keinen Schmerz und haben auch kein Mitleid mit den Schmerzen, die sie anderen verursachen.

Und jetzt fragen SIE nur nicht WARUM!!! Oder sollten Sie sich etwa auch damit infiziert haben? Denn das wäre Ihr unweigerlicher Untergang. Diese Neugier-Monster hören niemals auf, gegen diese Sucht gibt es keine Therapie, einmal infiziert und es fängt an. Sie werden ruhe- und rastlos,

Sie sind dauernd auf dem Sprung, lauern wie die Katze auf die Maus. Wie der Aasgeier in der Luft auf den letzten Atemzug seines Opfers.

Sie geben niemals auf und ein Fehlschlag läßt Sie nur noch aggressiver werden. Das ist so wie beim Fußball spielen, die Anzahl der Angriffe und verschossenen Torchancen erhöht die Wahrscheinlichkeit, das dann tatsächlich ein Tor geschossen wird.

Oder wie bei den meisten Erfindern, je mehr Fehlversuche, um so wahrscheinlicher ist das erwünschte Ergebnis zu erzielen, da ja immer weniger übrig bleibt, wie es nicht geht.

Diesen wahnsinnigen, wißbegierigen Neugiergeiern bleibt nichts verborgen!

Sie wollen das Leben „VERSTEHEN".

Genau betrachtet ist das Leben trotzdem Scheiße, denn wenn man alles verstehen könnte und jeder jeden verstehen würde, wäre es ja wirklich zu einfach. Und DAS ist es auf keinen Fall! Und überhaupt, wenn es so wäre, dann hätte UNS dies ja schon längst jemand gesagt, oder? Aber genau das ist die Scheiße.

Also bleibt alles beim Alten. Wir verstehen es halt nicht, aber wer versteht uns denn?

Wann hört uns denn wirklich einmal jemand richtig zu? Die besten Geschichten handeln seit langem von den kleinen Mißverständnissen des Alltags – keine Komödie kommt ohne sie aus, kein Witz, wenn da nicht so ein kleines Mißverständnis wäre. (Denn ohne Missverständnisse gäbe es ja auch keine Missgeschicke.)

Die alten Inder haben schon gesagt: Nichtwissen ist Sünde! Und wie werden d i e auch noch dafür bestraft! So wie all die anderen „Nicht-Wisser" auch. Nicht umsonst heißt es: Unwissenheit schützt vor Strafe nicht!

Ein besonders kluger Spruch heißt: „Man muss nicht alles wissen, man muß nur wissen wo es steht!" Sehr klug. Wer sagt uns denn wo es steht? Und hat es überhaupt jemand aufgeschrieben?

Bitte glauben Sie mir, ich habe sehr viele „Esoterische Wissensbücher" gelesen. In mehr als 15 Jahren meiner Scheiß-Zeit und meinen Aktivitäten in über 15 verschiedenen Berufen habe ich einige hundert kluge Bücher gelesen. Wenn eines dieser Bücher dieses Wissen tatsächlich enthalten würde, so wäre ich doch nie auf den Gedanken gekommen dieses Buch zu schreiben, weil Sie es dann bestimmt auch gelesen hätten und dann würden Sie kaum mit mir übereinstimmen, dass das Leben wirklich Scheiße ist.

Jedoch gibt es genug wirkliches Wissen, das sogar auch aufgeschrieben wurde, doch es ist nicht immer leicht, diese Schriften zu finden, denn das offensichtliche, das, was überall zu haben ist, ist meistens NICHT das , was einen hohen Wahrheitsgehalt beinhaltet. Und es ist auch eine Frage des Bewusstseinszustandes jedes Einzelnen von uns, diese auch zu erkennen. Wer jedoch strebend sich bemüht und unbeirrt weiter sucht – wird finden!

Was sagen sie denn, die großen Meister, die Carnegies, Murphys, die Hill's und Peales? „Denke positiv!" ... und dann „Glaube!" Leider haben zu viele Leute dran glauben müssen. Oder die Gurus und Maharishis? „Meditiere", haben sie gesagt, „geh in dich und finde die wahre Erleuchtung!"

Ich bin dann „in mich" gegangen und was fand ich? Zuerst die ganze Scheiße, die ich sowieso nicht wissen wollte, dann nach einiger Übung des Ignorierens, wurde es ruhiger in mir und am Ende fand ich – NICHTS. Auf diesem Wege findet man tatsächlich NICHTS. Und man kann suchen soviel man will, am Ende findet man in Allem- NICHTS. Das ist doch was, oder? Und dazu brauchen die meisten Schüler der „Erleuchteten" dann 20 Jahre und mehr?

Es ist nicht so, daß ich bei ihnen (den großen Meistern und weisen Lebenslehrern) nichts gelernt habe, ich konnte vieles lernen, aus allem kann man etwas lernen und sie haben sicherlich sehr vielen Menschen in ihrem Leben weiterhelfen können, doch es reichte mir persönlich nicht aus, es fehlten immer einige Erklärungen und ich war und bin weiterhin neugierig.

Bemerkenswert ist dabei jedoch, das dieses NICHTS tatsächlich vorhanden ist. Lesen Sie dazu Lao-tse: „Tao-te-king", das Grundwerk des DAOISMUS.

Erst das Nichts macht die Dinge brauchbar. Eine Teetasse ist in der Mitte ausgehöhlt, damit man dort etwas hinein tun kann – das Nichts macht die Tasse brauchbar. Eine Türe ist ein Rahmen um Nichts, da wo der Zimmermann das Loch gelassen hat, also das Nichts, durch das man hineingehen kann macht die Türe brauchbar usw.

Ich habe einmal mit einem Freund in einer Kneipe gesessen und wir philosophierten über das „Nichts". Ausgehend davon, daß Nichts in Allem enthalten ist, weil es kein Etwas ohne ein Nichts nicht geben kann. Nehmen wir also an, NICHTS ist ein Bestandteil von Etwas, also in jedem Etwas ist auch ein Nichts vorhanden.

Selbst in der Welt der Atome gibt es nichts, das die Atome umgibt, wer weiter forscht, wird demnach auch in den Atomen Nichts finden. Also ist Nichts in allem enthalten, also ist nichts im Wein oder Bier, und so kann man von Nichts besoffen werden. Und das fanden wir unheimlich lustig.

Am Ende wollten wir dann für das Nichts auch Nichts bezahlen, weil wir ja Nichts bekommen haben. Einige Leute wunderten sich über unsere Fröhlichkeit und fragten doch tatsächlich, worüber wir denn da lachen. Antwort: über Nichts.

Da ist was Wahres dran, aber mit NICHTS allein kann man sein Leben in der heutigen Zeit leider nicht meistern. So hart das eben ist. Nichts wäre uns wahrscheinlich auch ein bischen zu wenig, da wäre ja dann auch nichts los, oder? Der Psychologe sagte: „Neulich ging ich so draußen rum, da war nichts los, also ging ich nach Hause und ging ein wenig in mich – da war aber leider auch nichts los".

Dr. Josef Murphy, der große Vordenker der positiven Glaubenssätze, sagte: „Wir werden angewiesen zu beten und zu glauben, beten und glauben hilft immer und führt zu glücklichen Lösungen. Das Gebet ist die größte Kraft, über die wir Menschen verfügen".

Es ist absolut nichts dagegen einzuwenden, einen starken Glauben und Zuversicht zu haben, jedoch überlegen Sie einmal selbst, wenn Sie ein Problem hätten und wüssten, was zu tun ist und wie Sie es lösen könnten, würden Sie dann beten oder es einfach tun? Und wäre es Ihnen nicht auch lieber, Ihre Dinge selbst erledigen zu können als darauf zu hoffen, das es irgend wie, irgend wann durch eine geheimnisvolle Kraft oder dergleichen sich von selbst erledigt? Wozu, würden Sie sich fragen, lebe ich denn dann? Was brauchen wir dann überhaupt noch zu tun? ER macht es schon.

Verlassen Sie sich einfach darauf – und es geht alles, wie von Selbst. (Erinnern Sie sich noch an die frühere HB-Werbung mit dem Männchen, der einfach eine HB raucht und dann geht alles wie von selbst?)

Einen klugen Spruch las ich neulich: Was man tun kann, sollte man auch tun – alles Andere übernimmt dann der liebe Gott. (Immerhin schon mal in die richtige Richtung gedacht.) Beten und Glauben hilft tatsächlich, in dem man dann auch tut, was zu tun notwendig ist. Es ist die Kombination daraus, die die Ergebnisse bringt.

Wenn „Beten und Glauben" allein die größte Kraft wäre, würden wir sie doch einfach benutzen ohne zu überlegen – so wie Sie eine Flasche Bier öffnen oder in ein Wurstbrot beißen. Wozu brauchen wir dabei einen „Meister", der uns dies erst beibringen müsste?

Fragen Sie mal so einen „Meister", ob er die Garantie dafür gibt, das es funktioniert – und wenn nicht, würde er dann die Verantwortung übernehmen? Wenn's in die Hose ging, sagen die: „Du hättest einfach mehr glauben müssen". Bullshit!!!

Am Ende sind SIE allein verantwortlich – und nur SIE. WER Sie jedoch sind ist hier von entscheidender Wichtigkeit. Es steckt eine Menge Selbst-Erkenntnis darin, manchmal dauert es eine Weile, bis man sich selbst erkennt. Nur weiter so!

Der Angeklagte sagt vor Gericht: „Ich hatte doch geglaubt, daß es klappt." Zum „Glauben" später mehr, jetzt aber kommen wir zum TUN! Die wenigsten Meister jedoch haben verraten, daß das Zauberwort: „Suche selbst!" heißt. Finde es selbst heraus und mache es selbst!

Aus gutem Grunde verraten uns diese Meister ihre „Geheimnisse" nicht, sie würden sich selbst überflüssig machen.

Machen Sie sich doch einfach mal die Mühe und versuchen Sie etwas über die Schreiber der klugen Bücher herauszufinden. Also nicht nur was sie schrieben, sondern was sie taten. Wie sie zu all dem Wissen und den sogenannten Weisheiten kamen und was sie in ihrem Leben sonst tatsächlich selbst vollbrachten. Es könnte Sie in der Tat enttäuschen, woran an sich nichts Schlechtes wäre, denn eine Enttäuschung wäre ja dann das Ende der Täuschung und somit die Wahrheit.

Sicher gibt es eine Menge guter Bücher, und alle enthalten sie Erklärungen, wichtig ist jedoch, daß Sie sich nach all den Erklärungen tatsächlich klarer geworden sind.

Wenn Sie wirklich gute Lebenshilfe-Tipps suchen, lesen Sie mal Bücher von M.R. Kopmeyer, Eric J. Lejeune. oder Spencer Johnson. Mein Rat dabei ist: Achten Sie darauf, was diese Lebens-Ratgeber in ihrem Leben wirklich getan haben, und ob ihre Ratschläge auch praktisch anwendbar und für Sie von Nutzen sind.

Wer also sucht, der findet auch Antworten und Hilfe, aber niemand kann alles wissen, hat man uns immer gesagt. Auch ich und Sie nicht, trotzdem werden wir vom Leben für unsere Unwissenheit bestraft. Wissen ist Macht! Nichts wissen ist „nichts machen können". Macht ist ein Wort, dessen Bedeutung auch oft genug mißverstanden wird. Es kommt ursprünglich aus dem Althochdeutschen: maht , im englischen ist es: migth – es bedeutet „etwas zu vermögen", etwas können. Jemand ist „mächtig" wenn er viel vermag.

Der Weg dahin geht schrittweise, zunächst betrachten Sie erst einmal , was Sie gut können und was Sie gerne machen. Das ist schon sehr viel. Es kann der entscheidende Schritt sein. Dann bauen Sie diese Fähigkeiten aus. Wie ein Maler, der ein Bild beginnt. Der erste Pinselstrich, der nächste, die nächste Farbe, Hintergrund, Perspektive und so weiter...

Spielen wir dies weiter und wir kommen von Wissen zu Macht und dann zu Vermögen. Vermögen ist nicht nur ein Begriff von „etwas besitzen" sondern auch von „etwas können". Jemand, der etwas vermag, also etwas tun kann, ist wirklich vermögend. Jemand der nur etwas hat – ist oft arm dran, wenn es weg ist. Jemand, der etwas tun kann, vermag dies immer wieder zu tun.

Besonders interessant ist, daß vermögen auch etwas mit „mögen" zu tun hat. Und es ist tatsächlich etwas dran, in dem Maße, in dem man beginnt, mehr über etwas herauszufinden, im selben Maße beginnt man dieses etwas mehr zu mögen. Im Gegensatz heißt dies, wenn man etwas nicht sehr mag, weiß man eigentlich nicht wirklich viel darüber. Klar, oder? Wer etwas nicht mag, wird sich schon deshalb nicht damit auseinandersetzen. Weil er es nicht mag, wird er es vermeiden sich damit zu beschäftigen – und so wird er es auch nicht weiter untersuchen und beachten.

Jedoch das Gegenteil...kommen Sie selbst drauf, was sich hier gerade für Sie eröffnet?

Dann, das krasse Gegenteil – Leute, die gar nichts lernen oder wissen wollen, die wollen einfach in Ruhe gelassen werden. Die drei Affen, nichts sehen, nichts hören, nichts sagen. Das ist kein natürlicher Zustand, das ist erst so geworden, da ist einfach zuviel passiert, dazu ist man erst geworden oder gemacht worden. Mit etwas hat das mal begonnen.

Die natürliche Neugier ist verloren gegangen. Trotzdem, man kann sie wieder gewinnen und man sollte sie wieder gewinnen. Denn es gibt auch so etwas wie „Verantwortung". Die Verantwortung, zu wissen.

Das ist die Zwickmühle. Bestraft werden wir, wenn wir nicht lernen wollen. Wenn wir dann lernen wollen und beginnen zu fragen, zu forschen und Dinge herauszufinden, dann werden wir schon wieder bestraft. Weil man so etwas nicht wissen kann. Basta. Und auch nicht wissen soll oder darf, weil man damit einigen „Autoritäten" vielleicht auf die Füße getreten ist?

Die haben studiert! Nur die dürfen etwas darüber sagen! Die haben die Lizenz zum „WISSEN"! Auf viele Grabsteine der Geschichte könnte man tatsächlich schreiben:

„Er starb, weil er etwas (zuviel) wusste"!

Kapitel 4

Der Lebensunterhalt

Weiter geht es im Lebensstrom. Nachdem wir uns nun durch die Schuljahre gequält hatten, kam die Frage nach dem Beruf. „Klein Fridolin, was willst Du später einmal werden?" (Man war ja noch nichts.)

Jetzt heißt es: Arbeit macht das Leben süß. Was für ein Mist! Gerne arbeiten doch nur die, die es nicht müssen, oder? Und alle Traum-Jobs sind entweder vergeben oder entpuppen sich in kürzester Zeit als schlimmere Scheiße, als man je zu denken gewagt hatte. Schon allein der Job der Hausfrau ist nichts als Plackerei.

Das bischen Haushalt... Na klar, ich habe da Erfahrung, insgesamt habe ich ungefähr 15 verschiedene Berufe ausgeübt, auch den des Hausmannes (mal zwischendurch).

Ich will gar nicht von mir schreiben, aber man kann andere doch etwas besser verstehen, wenn man da etwas Erfahrung mitbringt. Auf der Kaffeetasse einer meiner Chefs stand: Ärgere Dich nicht – Ärgere lieber die Anderen! Und das hat er sich tatsächlich zu Herzen genommen.

Es scheint eine Art Volkssport in der Berufswelt zu sein. Ein kluger Spruch sagt: Wer Anderen eine Grube gräbt, wird selber Chef! Dies lässt sich tatsächlich überall beobachten. Wenn jemand wirklich geglaubt hat, man könne durch Fleiß und Leistung zu etwas kommen, wird im Allgemeinen schnell eines Besseren belehrt.

Klar, zu etwas kommt man immer – Urlaub auf Mallorca oder zu einem Opel Banal oder Ford Kahl, bei dem uns dann tatsächlich die Klappe runter fällt, wie in der Werbung. Manchmal reicht es auch zum gemütlichen Abendessen beim Griechen. (oder Italiener, Türken, Chinesen, ich will hier wirklich niemanden bevorzugen).

HALT, da schleicht sich doch was ein .... Vielleicht ist das Leben doch nicht so scheiße ... jetzt haben wir uns ganz schön was in die Tasche gelogen.

Da gibt es Anzeigen in der Zeitung, da werden doch tatsächlich Häuschen zum Kauf angeboten, die erst bei einer Million anfangen – wer kauft die denn? Und Daimler- Benz macht jedes Jahr wieder ein paar Milliarden mehr an Gewinn, wer kauft denn all die kleinen 600er? Und wer baut denn die schönsten großen Gebäude die man überall in den Stadtzentren wachsen sieht? Na? Woher haben die denn das Geld?

Und warum ist es denn auf der einen Seite etwas knapp mit den Moneten und auf der anderen sind doch Leute, die gar nicht mehr mit dem Zählen nachkommen? Mal ganz ehrlich: Wenn Sie etwas zurückschauen, können Sie sich noch erinnern, sich auch so eine kleine Jacht oder so einen kleinen Flieger gewünscht zu haben. Als Kind hatten Sie das ja meistens auch bekommen, nur in der Badewanne sind die Farben dann abgegangen ... . Doch mit der Zeit wurden wir anspruchsvoller und die Spielzeuge sollten etwas größer und realer werden und länger halten.

Womit verdienen wir uns unseren Lebensunterhalt, also das, was wir benötigen, um uns im Leben genügend Unterhaltung zu verschaffen? Mit dem sogenannten Beruf. Wir sind erst wer, wenn wir einen Beruf haben. Dabei fragt kaum jemand, ob wir uns wirklich dazu „berufen" fühlen. Es scheint eher der Fall zu sein, das dies eben eine Tätigkeit ist, wofür man dann am Monatsende ein paar Euro oder so bekommt.

Wer kann es sich dabei leisten, seinen Traum-Beruf auszuüben? Also erfanden wir das Hobby, da können wir dann so tun, als wäre dies die wahre Erfüllung. Wenn heutzutage Menschen beschrieben werden, so heiß es z.B. in der Zeitung:

Der Schreinermeister Hans Hobel oder die Barfrau Else Üppig oder der Taxifahrer Hugo Hastig usw. Dies soll eine Beschreibung der Person sein, damit wir gleich auch noch ein paar Vorurteile dazu bekommen. Dass Hugo Hastig vielleicht ein virtuoser Sänger im Kirchenchor oder Else Üppig eine phantastisch gute Köchin ist, oder dass Hans Hobel nebenbei Krimis schreibt, es interessiert keinen.

Die haben ihren Beruf, und DAS sind sie dann auch und DAS bringt dann den folgenden Ruf mit sich. Da hat man es wirklich schwer, über die verschiedenen Tätigkeiten zu seinem Traum-Beruf zu finden. Nachdem ich Erfahrungen in 15 verschiedenen Berufen erworben hatte, was glauben Sie, was ich da manchmal von Personalchefs zu hören bekam?

Ich habe jedoch nie aufgehört, weiter nach meinem Traumberuf zu suchen, inzwischen ist daraus jedoch immer mehr die Erkenntnis gereift, daß ich in keine Kategorie passe, weil mein Traum sich immer wieder verändert und ich wohl nie zu Ende träumen werde.

Sicher, auch heute noch hat jeder so seine kleinen Träume, aber erreichen können es meistens nur die Anderen. Wie steht es denn mit der Liebe? Die Schönen und Reichen bleiben doch nur unter sich. Den Traumpartner zu suchen ist doch meist vergebliche Mühe. Oder er oder sie entpuppen sich als Alb-Traum.

Was brauchen wir denn zum Leben?

Luft – ist genug vorhanden (Ich weiß, manchmal ist's „Dicke Luft" und stinken tut sie auch). Nahrung – was sagen uns die Ernährungsexperten? Wir essen zu fett, zu süß, zuviel überhaupt. Was ist mit denen, die gar nichts zu essen haben? Verdienen die sich ihren Lebensunterhalt nicht? Vielleicht wissen die nicht, wie? Ist das unsere Schuld oder unsere Aufgabe? Können wir daran etwas ändern?

Jeder kann etwas tun. Geben Sie Ihr Wissen weiter. Helfen Sie durch Weitergabe des Wissens, wie man sich selbst hilft. Es gibt kein zuviel an Wissen, eher ein zuwenig!

Spenden können nur kurzfristig helfen, das können wir seit jeher immer wieder beobachten. Es sind Tropfen auf den heißen Stein, wirklich verändern können sie nichts – nur Wissen, wie man etwas tut, Ausbilden, Lehren und das Verändern des Bewusstseins kann wirkliche HILFE LEISTEN.

Doch es wird nie „GENUG" sein, es ist immer ein Wachstum, ein ewiges Werden. Dabei wäre tatsächlich von Allem genug vorhanden, und jeder könne sich daran erfreuen, wenn es da nicht einige kleine Mißverständnisse über das Wörtchen „genug" gäbe. Mal ganz ehrlich: Haben Sie genug?

Ja, von manchem schon, aber auch vom Geld?

Kapitel 5

Geld – die Wurzel allen Übels

Geld regiert die Welt, wer hat denn diese Regierung gewählt? Schon in der Bibel steht so etwas von der Wurzel allen Übels ... Und diese Wurzel ist mächtig dick am unteren Ende des Übels.

Und mit was wird sie gedüngt? Na da haben wir's ja wieder: Ziemlich viel Scheiße. Da behauptete doch mal einer „Pekunia non olet = Geld stinkt nicht". Das ist so wie bei den Rosen: Oben scheint es zu duften und ganz unten stinkts eben doch. Mel Brooks sagte und erfuhr es in seinem Film „Das Leben stinkt".

Und es gibt eine Menge Leute, die nicht nur aus Hygienegründen recht eifrig am Geld waschen sind. Trotzdem, jeder will es, jeder braucht es und jeder ist andauernd hinter ihm her.

John D. Rockefeller sagte mal in einem Interview: „Ich glaube, die Fähigkeit, viel Geld zu verdienen, ist eine Gabe Gottes... Es ist meine Pflicht, Geld zu verdienen." Wenn dem so ist, dann sind die Großverdiener die ethischsten und Gott gefälligsten Menschen auf unserem schönen Planeten. Ich will da gerne auch meine Pflicht erfüllen!

Es ist recht amüsant zu beobachten, was Leute sich alles dazu einfallen lassen. Ich habe da eine Menge erlebt in sogenannten Motivations-Seminaren.

Ganz Kluge meinten, man solle dem Geld nicht hinterherlaufen, dann würde man es nicht erreichen, sondern ihm einfach entgegengehen. Wirklich ein toller Trick. Doch es fehlte eine Richtungsangabe, wo denn das Geld zu finden sei. Ein Anlageberater erfand gar die Verdopplungsgeschwindigkeit des Geldes. Wenn man es ihm überließ, verdoppelte sich **sein** Geld tatsächlich recht schnell.

Ich finde es herrlich, lesen Sie einfach mal Bücher über Geld. Es sei denn, Sie möchten keines dafür ausgeben. Es ist ein Lieblingsthema seit jeher, es beschäftigt die Menschen ununterbrochen.

Ich habe einmal in einem Seminar gefragt: „Finden Sie einen Grund, warum es gut sein kann kein Geld zu haben." Nach einiger Überlegung fanden wir an die hundert Gründe.

Am Schluß fanden wir heraus, das es unheimlich kreativ macht, wenn man kein Geld hat, man muß sich ganz schön was einfallen lassen um es zu bekommen. Und ist „Geld haben" das, was uns glücklich macht? Ich habe während meiner gastronomischen Tätigkeit in der Welt der Reichen, der Partylöwen, Playboys und Luxuskonsumenten so manchen Unglücklichen erlebt.

Man glaubt es kaum, aber die, die tagtäglich im Überfluss leben, sind tatsächlich gelangweilt, unzufrieden, oft sogar deprimiert. Es kann also auch ein „zuviel Geld haben" geben. Also wenn das nicht erst die volle Scheiße ist? Ich wette, die meisten Reichen wären wahrscheinlich genauso unglücklich, wenn sie kein Geld hätten.

Es scheint eine Art Kunst zu sein, den richtigen Maßstab zu finden zwischen zu wenig und zu viel. Jeder weiß, Geld macht nicht glücklich – zuwenig aber erst recht nicht! Mit Geld hatte ich selten Probleme – eher ohne Geld.

Und nun kommt's – was ist Geld denn nun eigentlich? Zahlungsmittel, im Austausch gegen was auch immer jemand braucht oder benötigt und so weiter? Es gibt kaum jemand der sich nicht darüber den Kopf zerbrochen hat. L. Ron Hubbard hatte mal gesagt, es wäre ein Symbol von Vertrauen. Also eine Art von Versprechen, dass der, der es hat, darauf vertraut, auch einen Gegenwert dafür zu bekommen. Fazit: Geld ist, was es gilt oder als was es gelten soll.

Und solange dieses Vertrauen da ist, hat es auch seinen Wert. Dies scheint recht nahe an der Wahrheit zu sein. Denn wir geben es ja in der Regel auch nur an denjenigen weiter, dem wir vertrauen, dass er uns etwas ebenso wertvolles zurück gibt. Möglichst mit drei Jahren Garantie!

Die große Frage bleibt jedoch immer noch unbeantwortet – wie bekommt man soviel davon, dass man sich nun alles das eintauschen kann, worauf man mehr als drei Jahre Garantie erhält? Ich habe viele Millionäre gefragt – die Antworten sind leider ebenso vielseitig. Aber als gemeinsamen Nenner sagen sie: „Arbeiten!" Wenn's doch nur so einfach wäre. Fragen Sie mal die Arbeiter dieser Welt. Das kann doch wirklich nicht alles sein. Einige sagen: „Lassen Sie doch Ihr Geld arbeiten." – Ja aber welches bitteschön? Erst muss man ja mal einige Scheinchen übrig haben, damit diese dann für uns schuften können.

„Wenn Sie Geld brauchen, gehen Sie doch einfach auf die Bank". Da liegt es doch in genügender Menge rum? Oder? Ja, aber die wissen das mit dem „Symbol für Vertrauen" auch und die vertrauen deshalb auch nur dem, bei dem sie sicher sind, daß er selbst so ein Symbol für Vertrauen ist. So kommt Geld also auch wieder nur zum Geld.

Manchmal ist es fast ein Kompliment, das sie demjenigen machen, den sie in ihre Zinseszinsfallen gelockt haben, mit der Absicht, ihn zu Höchstleistungen anzuspornen, damit er seine Schulden zahlen kann. Das ist doch wirklich Scheiße und zwar mit Garantie!

Lotto spielen wäre auch eine Möglichkeit, aber selten genug gewinnen wir auch und wenn schon mal, dann lässt es sich nicht beliebig oft wiederholen. Außerdem ist es Tatsache, daß die meisten Lotto-Gewinner nach einigen Monaten nichts mehr davon übrig haben. Einige haben hinterher sogar nur noch Schulden übrig.

So geht es weiter mit dem täglichen Kampf um den „Mammon". Der Eine gewinnt, der Andere verliert. Oft gewinnt der Eine gerade deshalb, weil der Andere es verliert. Es ist recht amüsant.

Ein Sprecher einer Musikergruppe, die seit vielen Jahren in Kneipen recht erfolglos umhergetingelt war, dann aber „Entdeckt" wurde und plötzlich die Stars waren, erzählte einmal: „ Als ich dann plötzlich die dicken Scheine vor mir liegen hatte, fragte ich mich, wie konnte sich soviel Geld solange so gut vor mir verstecken?"

Mit diesem Thema lassen sich Bibliotheken füllen, lieber Leser, da Sie jedoch mein Buch mit Ihrem sauer Verdienten erworben haben und nun auch einen wertvollen Austausch dafür erwarten, will ich es Ihnen verraten. Schreiben Sie doch mal ein Buch! Gemein, gell? Das ist so wie der, der eine Anzeige aufgab: „Schicken Sie mir 1000 Mark und ich verrate Ihnen wie man reich wird." – Antwort nach drei Tagen: „Machen Sie es wie ich. Danke."

Tatsache ist es jedoch: Bieten Sie jemandem mehr von dem, was er sich wünscht. Oder weniger von dem, was er nicht möchte oder gerne los werden möchte. Und wiederholen Sie dies einfach vielmals oder mit vielen Leuten. Und woher weiß man das, was Leute so wünschen? Dieses Geheimnis entdeckt man in dem man die Leute einfach fragt.

Bevor ich dieses Buch schrieb, habe ich eine Menge Leute befragt, was sie in ihrem Leben „ Scheiße" finden, allein darüber würde es sich lohnen, ein Buch zu schreiben, wahrscheinlich wurde es (dieses) deswegen geschrieben. Einen traf ich auf der Straße, um ihn zu fragen, was er denn Scheiße findet. Er sagte:„Och, mir geht es prima, ich bin gerade krank geschrieben worden." Wahrscheinlich fand das sein Chef nun wieder „Scheiße".

Was ist denn heutzutage alles Scheiße, Scheiß-Schule , die Lehrer sind Scheiße, der Chef ist Scheiße, der Job ist Scheiße usw. Echt Kacke Mann! Scheiße gibt es in vielen Formen: Ach du dicke Scheiße, das ist doch gequirlte Scheiße. Da klingt doch das englische „shit" fast vornehm.

Man kann in der Scheiße stecken oder einen Griff ins Klo machen. Man kann Scheiße reden und scheiße aussehen. Man kann jemanden echt scheiße finden oder er ist eben ein Scheißer. Früher stand einem das Wasser bis zum Hals – heute ist es die Scheiße.

Für die Gangster sind die Bullen Scheiße und für manchen ist es sein letztes Wort...

Fragen Sie mal die Leute, es ist tatsächlich ein Phänomen unserer Zeit.

Nun kann man auch fragen, was Leute gut finden und was sie sich wünschen oder nach sonstigen Bedürfnissen der Menschen forschen. So etwas nennt man heutzutage Demoskopie, „Volksbefragung", Marktforschung oder Umfragen usw. Sind Ihnen nicht auch schon solche Umfrager in den Fußgängerzonen auf die Nerven gegangen?

Fragen kann man auf vielerlei Wegen. Fragen kann ja auch bedeuten, neugierig zu sein, interessiert zu sein usw. Nur eines darf man nicht machen: Aufhören Fragen zu stellen. Was heute gewünscht und gefragt ist, kann morgen schon keinen mehr interessieren.

Meinungen ändern sich – manchmal schlagartig. Also fragen Sie immer wieder neu. Damit würde man dann herausfinden, was die Leute brauchen und es dann besorgen und es z.B. verkaufen. Verkaufen – auch ein Wort mit vielen Bedeutungen. Es bedeutet, das man jemandem etwas gegen Bezahlung überlässt. Im Englischen heißt es: to sell. Dies kommt aus dem lateinischen „salary". Man kennt auch das alte Wort „Salär" (Bezahlung). Und das Wort „Sold" – tatsächlich bekamen die Soldaten als Bezahlung auch ein Säckchen Salz (sol), das damals lebensnotwendig war. Und wer damals viel Salz hatte, war reich.

Er konnte es dann auch als Zahlungsmittel eintauschen, gegen dies oder jenes, was man halt sonst so brauchte. Übrigens, was ist es denn, was jemand braucht? Untersuchen Sie mal das Wörtchen BRAUCHEN. Es ist etwas , was jemand wünscht, will, verlangt und ersehnt.

Es heißt aber auch: Gebrauchen, Nutzen, Anwenden, Verwenden, usw.

Und warum wünscht und braucht es jemand? Ganz einfach, weil er der Meinung ist, es nicht oder zu wenig davon zu haben. Dieses Gefühl, von etwas nichts oder zu wenig zu haben erzeugt eine Art Vakuum. Und es ist ein Naturgesetz, dass ein Vakuum, ein Unterdruck, (Süchtige fühlen sich tatsächlich unter Druck) danach strebt, sich zu füllen.

So verursacht zum Beispiel eine Droge ein Glücksgefühl. Später, wenn die Wirkung der Droge nachläßt, fehlt uns dieses Gefühl und wir wollen es wieder haben. Da es jedoch nicht lange anhält, sehnen wir uns immer mehr danach. So entsteht eine Sucht.

Auch benutzt die Werbung zum Beispiel dieses Wissen dazu, uns etwas vorzuführen, das wir nicht haben – und dann wiederholen sie es, solange und so oft, bis wir glauben es haben zu müssen, dann verlangen wir danach. So werden Wünsche erschaffen. So werden uns, bewußt oder unbewußt, Wünsche eingeredet. Und so erschafft man eine Nachfrage für den größten Scheiß.

Da fällt mir eine kleine Geschichte dazu ein:

Ein Geschäftsmann kommt eines Tages in ein beschauliches Fischerdörfchen am Mittelmeer. Es liegt fast unberührt vom Tourismus an einer wunderschönen Bucht. Er betrachtet es mit den Augen des Geschäftsmannes, immer auf der Suche nach profitablen Gelegenheiten. Da fällt ihm ein Mann auf, der am Strand in der Sonne liegt. Er geht zu ihm und sagt: „Es ist hier wirklich herrlich, man könnte hier vorne ein Gaststätte eröffnen." Darauf der Mann: „Und dann?" „Dann könnten Sie viele Touristen anlocken, Sie könnten auch ein Hotel hinstellen." „Und dann?" „Dann könnten Sie einen Boots-Verleih eröffnen." „Und dann?" „Dann würden Sie eine Menge Geld verdienen." „Und dann?" „Dann brauchten Sie nichts mehr zu tun und könnten den ganzen Tag in der Sonne liegen." „Vielen Dank für den Rat" sagte der Mann, „Aber das tue ich ja bereits!"

Überlegen Sie mal, was Sie alles schon gekauft haben, wovon Sie später absolut sicher waren, das Sie es eigentlich nicht gebraucht hatten. Und dann sind da noch die Dinge, von denen Sie sich absolut sicher sind, daß man Sie ganz schön beschissen hat! Jedoch ist es einfacher, herauszufinden, was jemand braucht, als ihm andauernd sagen zu müssen was er zu brauchen hat. Also einen bereits vorhandenen Bedarf zu entdecken um ihn dann zu decken. Entdecken Sie doch mal eine Markt-Lücke. Oder besser, einen Markt-Krater.

Umgekehrt wird es schwerer. Ich habe es so oft erlebt. Der grundlegende Fehler, den viele in der Wirtschaft machen ist: Sie haben eine schlaue Idee, was sie machen möchten oder herstellen wollen und wenn sie es dann haben – bieten sie es an und erkennen oft schmerzhaft: Keiner braucht´s!

Also strengen sie sich unheimlich an, die „tolle Ware" mit allerlei teuren Werbegags und viel Verkaufspsychologie-Tricks an die verehrte Kundschaft zu verscherbeln – und diese am Ende zu verärgern, weil es nicht das war, was versprochen wurde.

Oder haben Sie schon mal Ihr Geld zurück bekommen als Sie das DEO gekauft haben das die Frauen reihenweise umhauen soll und keine hat Sie auch nur wahrgenommen? Nein? Machen Sie mal den Versuch und nehmen Sie die Werbung wortwörtlich ernst – man wird Sie zumindest auslachen, wenn nicht sogar die Herren in den weißen Kitteln sich um Sie bemühen.

Und was haben nun die Hersteller falsch gemacht – sie bieten ja etwas, was sich viele wünschen- oh ja – die wissen es wirklich – aber liefern sie es dann tatsächlich auch? Und die größte Scheiße ist, inzwischen sind wir soweit, dass wir es ja gar nicht mehr erwarten, dass wir das bekommen, was uns andauernd versprochen wird.

Würde man einen Politiker dafür haftbar machen, wenn er nach der Wahl seine Wahlversprechen nicht eingehalten hat, wären einige Politiker recht arme Schweine. Einen Vorschlag hätte ich, um die Steuern sofort zu senken: Jedes Prozent Anstieg irgend einer Steuer müßte zugleich ein Prozent Abzug der Diäten der Abgeordneten und Politiker mit sich bringen! Warum sollten die denn nicht auch ihren Anteil dazu beizutragen. Und so käme immerhin einiges mehr in die Staatskasse – die man dann für schöne neue Kanzlerämter verschwenden könnte.

Dies ist aber leider Science Fiktion, und gehört nicht hierher. Bleiben wir bei der tatsächlichen Realität, und wählen **sie** eben dieses Jahr wieder. Wen denn sonst? Denn schlimmer kann's ja nicht werden und einige bemühen sich ja wirklich.

Inzwischen sind wir also bereits zufrieden, wenn wir nicht auch noch einen Schaden davon haben.- Nun sagen Sie mal selbst – ist das nicht wirklich Scheiße? Begnügen wir uns also mit den kleinen alltäglichen Sorgen und Nöten, wie geht's den Kindern? Wohin fahren wir dieses Jahr in Urlaub? Was gibt's in der Kantine? Wer schläft mit wem? Ist denn schon wieder die Sommerzeit zu Ende? Wie wird das Wetter morgen? – Ist doch alles kein Problem, oder? Weil wir ja das Fernsehen haben! Und die alltägliche Horror-Zeitung!

Wir werden schon informiert, wir wissen, was in der Welt los ist. Wir „Bild"en uns selbst eine Meinung.

Was aber ist denn nun die Absicht hinter dem INFORMIEREN? Der der sogenannten Informationsindustrie? Interessant ist hier auch der Begriff IT – Informations-Technologie. Worüber wird hier informiert? Oder die geschriebene und gedruckte „PRESSE". Wer wird hier „erpresst" zu lesen, was man uns als „FAKTEN" anbietet.

Was sagen die uns denn, die uns die Fakten und nichts als die Fakten servieren! Würden diese sich auf das Wahre und Wirkliche, also Tatsachen und Fakten reduzieren, wären es nur noch wenige Seiten und der Absatz der Auflagen einiger ganz großen Boulevard-Blätter kaum erwähnenswert, weil kein Konfliktstoff, keine Enthüllungs-Stories und Klatsch-blätter mehr erscheinen würden – das würde uns aber so richtig den Spaß verderben.

Doch auch hier scheint es an uns selbst zu liegen, denn wer liest und hört denn gerne Nachrichten, die uns un-angenehm an unsere Eigenverantwortung erinnern. Der Umstand, dass die Medien nicht wirklich informieren, liegt oft daran, daß viele Leute nicht wirklich informiert werden wollen.

Wir sind oft gar nicht daran interessiert, dass man uns unsere Lieblingsvorurteile und wohlbehütete Unwissenheit (weil´s ja bequemer ist) zerstört. Mit was soll man sich denn noch alles beschäftigen? Haben wir nicht schon Ärger genug am Hals? Nun, was haben wir also vom Geld? Jede Menge Möglichkeiten!

Geld ist eben das, was man daraus macht. Geld ist ein Stück Energie und es verleiht einem etwas Macht. Es liegt an uns (wie immer) was wir damit anfangen. Es ist ein Spiel von Geben und Nehmen. Der eine hat´s, der andere braucht es. Keiner wird je genug davon haben werden, doch kaum einer gibt es gerne aus.

Wenn wir es aber doch ausgeben, so sollten wir uns we-nigstens über die Dinge freuen, die wir uns dafür leisten konnten – dann erfüllt es mindestens den Zweck, dass wir uns ein wenig mehr Freude erschaffen. Davon, lieber Leser, kann man nämlich auch nicht genug bekommen – oder?

Der Sinn liegt im Zweck. Das ist die ganze Wahrheit über Geld.

Jetzt kommen wir der Wahrheit immer näher – tut ganz schön weh oder? Ich warne Sie hier und jetzt, lesen Sie nicht weiter, wenn Sie die ganze Wahrheit nicht wirklich wissen möchten – denn der Schmerz könnte unerträglich werden.

Kapitel 6

... Wenns zu Ende geht

Nun, ein Ende ist immer ein neuer Anfang, wie bei einer Türe, auf der einen Seite ein Eingang, auf der anderen ein Ausgang. Alles hat zwei Seiten. Ist der Tag zu Ende kommt die Nacht usw. Jeden Tag, jeden Monat, jedes Jahr die gleiche Scheiße! Und schon ist wieder Weihnachten.

10-20-30- 50- ... Jahre und dann irgend wann (jeder hofft darauf, NIE). Trotzdem, es scheint, der Tag kommt für jeden. Ein Freund sagte mir mal „Was immer auch passiert, Kriege, Unfälle, Krankheiten, es sterben ja immer nur die Anderen, das weiß ich aus Erfahrung."

Da muss ich ihm Recht geben, aber das hatten die Anderen vielleicht auch geglaubt, und wurden am Ende eines Besseren belehrt. So wie es bis jetzt aussieht IST das dann tatsächlich das Ende – jedenfalls, und das ist absolut sicher, hört beim Tod der Körper auf zu leben. Basta!

Da hilft keine noch so wohlklingende Versprechung einiger Religionsschaffenden verschiedenster Richtungen, es gäbe da noch einen HIMMEL oder so ähnlich. In den man dann käme wenn man recht anständig war und so weiter.

Andere sprechen von den anderen Dimensionen oder man wird tatsächlich sogar WIEDER-Geboren. Was für eine Scheiße!!! Das kann zwar jeder glauben – doch es hat bisher wahrscheinlich noch keiner geschafft, **mit** seinem Körper ein paar Jahrhunderte oder länger hierzubleiben. Und wenn er mit dem Körper hiergeblieben sein sollte, nachdem dieser aufgehört hat zu leben, so könnte ich es mir nicht als sehr wünschenswert vorstellen, den „Ersten Wurm" und dergleichen mit zu erleben. Das wäre erst Scheiße.

Also können wir zu der Erkenntnis kommen , das Leben an sich ist doch schon Scheiße genug und der Tod mit Sicherheit erst recht – aber das alles weiter erleben? O-oh! Da kann's einem doch wirklich schlecht werden. Da kommt man doch aus dem Scheiß -Film nicht mehr raus.

Jetzt haben wir uns das liebe Leben lang gequält, abgeschuftet, geärgert – Jahr für Jahr und dann soll damit immer noch nicht Schluß sein?

Dabei haben die Meisten sich wirklich mal etwas Ruhe verdient – oder? Ich auf jeden Fall. – oder soll ich im nächsten Leben schon wieder in die Scheiß-Schule gehen? Um nachher wieder für ein Paar Mark (Euro) schuften zu gehen, um die halbe Welt zu reisen, hunderte kluger Bücher zu lesen (und dabei 10.000.000 Missverständnisse einzusammeln), dann viele Jahre das Ganze wieder auseinander zu wickeln und dann sogar noch so ein Scheiß-Buch schreiben zu müssen.

Nein – bitte nicht.

Aber vielleicht ist am Ende tatsächlich Schluss! Irgend wann werde ich es herausfinden. Verdammte Falle – Wie soll jemand etwas herausfinden, wenn er am Ende nicht mehr da ist, um zu erkennen, was er herausgefunden hätte, wenn er es noch erlebt hätte, dann jedoch tatsächlich zu tot ist, um es herauszufinden? Tod, das Ende? Oder der Anfang?

Jedes Ende ist immer wieder ein Anfang, für die, die weiter leben, die übrig Gebliebenen.

Zum Beispiel: Der Eine verlor einen Freund, einen Vater, eine Mutter, ein Kind. Etwas, das bisher zu seinem Leben gehörte, plötzlich ist es weg. Es ist ein Verlust, es fehlt. Bisher machten wir uns Sorgen um etwas, was wir nicht hatten. Wir wollen mehr vom Leben haben. Sammeln, sparen, erwerben, kaufen und anhäufen, wir wollen mehr, viel mehr, Alles. Wir verbrauchen sehr viel Energie und Kraft, um Dinge zu bekommen, um sie zu haben. Oft, aber werden sie uns genommen.

Wir verlieren und es schmerzt. Gewinnen ist oft leichter als verlieren. Wenn man etwas gewinnt, hält die Freude oft nicht so lange an wie der Schmerz bei einem Verlust. Vielleicht ist Geben deshalb meistens schwerer als Nehmen.

So wie der Tod kein Ende zu haben scheint, so ist möglicherweise auch die Geburt kein wirklicher Anfang.

Es gibt hierüber eine ganze Reihe Forschung und Erkenntnisse.

Da gibt es umfangreiche Fachliteratur und mit Hilfe von Reinkarnationsübungen kann man auch über sich selbst einiges erfahren. Es ist jedoch nicht Jedermanns Sache und es sollten fundierte und erfahrene Fachleute zu Hilfe genommen werden.

Mit dem Tod ist nicht zu spaßen!

Tatsache ist, man kann es beobachten, bringen wir alle am Anfang unseres Lebens etwas mit (Woher?). Umgangssprachlich wird es Anlage, Talent oder Begabung genannt. Der Spruch: „Es ist noch kein Meister vom Himmel gefallen." ist bei näherer Überprüfung nicht ganz richtig.

Denken wir an die vielen sogenannten Kindergenies, die, kaum konnten Sie krabbeln, schon ihre ersten Begabungen sichtbar werden ließen. Und leider geschieht es oft genug, daß diese „Begabungen" meist schnell von den Erwachsenen unterdrückt und abgewertet werden, so dass die, die doch so gute Voraussetzungen mitgebracht hatten, diese dann schnell wieder „verstecken".

Wie viele Genies hätten wir auf unserer Welt, wenn die alle ihre Begabungen und Talente wirklich hätten nutzen können. Ich bin der festen Überzeugung, dass jeder von uns so einige versteckte Talente hat. Und es ist wirklich eine traurige Angelegenheit, wenn die dann nicht im Leben ausgelebt werden können, bevor es schon wieder zu Ende ist.

„Er starb so jung, er hatte das ganze Leben noch vor sich!" Da haben wir's wieder. Das sind die wahren Verluste, die wir beim Sterben erfahren.

Es sind immer die „ unerledigten" Dinge, die „unausgesprochenen". Die verfehlten Ziele, alles, was wir noch vorhatten zu tun, alles was wir noch sagen oder mitteilen, erfahren oder erleben wollten.

AUS ist's!

Das soll keine Scheiße sein?

Deswegen, leben wir, JETZT, leben wir alles, was uns möglich ist, das volle Leben, jetzt. Eben das, was wir sind und sein möchten – morgen könnte es vielleicht zu spät sein.

Kapitel 7
Wo bleibt denn nun der liebe Gott?

Jetzt wird es philosophisch und auch ein wenig religiös. Lieber Leser, ich sagte es bereits vorher: Jetzt geht es ans Eingemachte, unseren Ursprung, die Schöpfung. Und wer hat den ganzen Mist verzapft? Wie ist es also, die Sache mit dem lieben Gott? Wofür muß der arme alte Kerl alles herhalten?

Zunächst heißt es, **ER** hat uns erschaffen und alles um uns herum auch. So und jetzt schauen wir uns mal um. Was ist denn das: Alles um uns herum?

Die meisten Forscher betrachten sehr sehr lange ihre Umgebung vom Mikrokosmos bis zum Makrokosmos, vom Kleinsten bis zum Größten – sie erforschen die Atome – Kleinstlebewesen – Natur – Umwelt -, die Meere bis hin zu den entferntesten Universen. Doch dies alles nur „Von sich selbst aus", sich selbst haben sie ja immer dabei – denn wer könnte etwas betrachten ohne selbst der Betrachter zu sein oder ohne sich selbst dabei zu haben? Stimmts?

Und mit was betrachten wir denn etwas? Mit unseren Sinnen und durch unseren Verstand. Und was haben wir dabei im Sinn oder im Verstand? SCHEIßE? Ja, da können Sie jetzt sicher sein. Aber woraus besteht denn diese Scheiße? Gedanken, Bilder, Erfahrungen, Gefühle.

All das kann man auch in Worte fassen, und wir tun dies auch. Um es zu beschreiben, es zu erkennen, es verstehen zu können. Lesen Sie dazu die großen Poeten und Dichter, sie haben sich immer schon viel Mühe gemacht, Gefühle in Worten zu beschreiben.

Egal, wie auch immer ein Gefühl aussieht oder ein „Irgendetwas". Wir machen uns immer ein Bild davon – stellen Sie sich doch mal ein „wrtlbrft" vor – sehen Sie, Sie versuchen sich etwas vorzustellen – irgend eine Vorstellung haben Sie, auch wenn es etwas ist, was Sie noch nie gehört oder gesehen haben. Wenn Sie ein Wort oder einen Begriff nicht kennen – irgend eine Vorstellung haben Sie doch. Auch wenn Sie es sich nur als ein Loch in Ihrem Verstand vorstellen. Und meistens haben Sie tatsächlich ein Loch in Ihrem Verstand   einfach eine   Lücke   und dann kommt wieder etwas, aber wir versuchen dieses Loch mit irgend etwas zu stopfen.

Ist es bei Ihnen auch so?
Zum Beispiel mit dem Begriff: Gott.

Welche Vorstellung ist denn darüber in Ihrem Verstand? Irgend eine Vorstellung hat jeder – auch wenn er an gar nichts glaubt. Wie finden wir jetzt aber am Einfachsten heraus, wer oder was dieser liebe Onkel im Himmel denn sein könnte?

Um also etwas über den Erschaffer eines Werkes herauszubekommen, könnte man das Werk genauestens betrachten. Denn es steht auch geschrieben: „ An ihren Werken könnt ihr sie erkennen".

Also wäre es doch nur klug mit sich selbst zu beginnen, da der liebe Gott uns – JA DICH AUCH – erschaffen hat (oder haben soll).

Manchmal nützt es auch, Andere zu erforschen, die sind ja auch Werke Gottes und dann mit sich selbst zu vergleichen – sind die Anderen anders? Wenn ja, was ist bei den Anderen anders? Und was ist bei den Anderen gleich?

Ein chinesischer Weiser hat mal gesagt: „ Habe ich zwei Begleiter, so habe ich auch zwei Lehrer. Von dem Einen lerne ich wie man etwas nicht macht und von dem Anderen wie man es richtig macht."

Was ist jedoch richtig? Und was ist falsch? Merken Sie was, lieber Leser? Eines haben wir doch alle gleich – wir sind uns immer mehr sicher, daß das Leben Scheiße ist!

Die Wahrheit – „So wie es ist" ist mit das Schwerste, was es in diesem Scheiß Leben zu ertragen gibt. Aber nur solange, wie man sie nicht fürchtet.

Furcht ist ein Zurückziehen von etwas, sehen Sie mal jemandem, der wirklich Angst hat, auf die Augen – Sie werden erkennen, das er bemüht ist NICHT hinzuschauen.

Angst also ist ein Wissenskiller, denn nur durch Hinsehen und genaues Betrachten kommt man zu Ergebnissen, dem Wissen und Verstehen!

Und wenn man etwas wirklich versteht, also alles darüber weiß, warum sollte man sich dann davor fürchten? Also, finden Sie zuerst heraus, daß das Leben Scheiße ist, dann untersuchen Sie diese Scheiße, also alles, was Sie nicht mögen, oder alles worüber Sie NICHTS wissen wollen (Was in etwa das Gleiche ist) oder?

Und letzten Endes werden Sie es mögen. Bitte „glauben" Sie mir das nur nicht, probieren Sie es aus. Sie selbst müssen es herausfinden, sonst wird's nix.

Aber, untersuchen Sie auch das Gute, über das Sie mehr wissen wollen und wovon Sie mehr haben wollen.

Richard Bach schreibt in seinem Buch „Illusionen": „Es gibt kein Problem, das nicht auch ein Geschenk für Dich in Händen trüge. Du suchst Probleme, weil Du ihre Geschenke brauchst."

Was sind das aber, diese Geschenke, die in unseren Problemen enthalten sind?

Es sind erstens die Geschenke, die wir uns selbst geben können, indem wir uns entdecken und zweitens die Erkenntnisse, daß tatsächlich alles einen Sinn ergeben kann – es scheint wie eine Art geplante Verursachung zu geben – so als gäbe es keinen Zufall oder es wäre alles sehr logisch aufeinander abgestimmt und aufgebaut!

Doch dies muß jeder für sich selbst entdecken.

Aber jetzt kommt erst einmal eine große Erkenntnis, einfach von mir ganz frech auf's Papier geschmiert: „Selbst wenn alles Wissen aller Universen der Zeit in einem Buch aufgeschrieben sein würde- es bringt nichts, wenn Sie nichts dazu tun". Wirkliches Wissen kann man nicht kaufen – man muß es sich selbst erarbeiten. Man kann dazu auch ruhig die bereits erforschten Dinge und Umstände der großen Wissenschaftler und Philosophen zu Hilfe nehmen, man muß nicht erst das Rad neu erfinden, jedoch sollte man nicht alles ungeprüft übernehmen sondern sich von der Funktion selbst überzeugen.

Abd-ru-shin schreibt in seinem Buch: Im Lichte der Wahrheit: „Nur wer sich selbst bewegt, kann geistig vorwärts kommen. Der Tor, der sich dazu in Form fertiger Anschauungen fremder Hilfsmittel bedient, geht seinen Pfad wie auf Krücken, während die gesunden Glieder dafür ausgeschaltet sind."

Es gibt vieles sehr Kompliziertes (solange Sie es nicht genauestens betrachten). Beispiel: Für einen Mathematikprofessor ist Mathematik etwas einfaches, weil er es **genau betrachtet,** also studiert hat.

Und genauso ist es mit dem Rest des Lebens, vor allem aber mit Ihnen selbst.

So steht es bei dem Alten Griechischen Orakel : Erkenne dich selbst. Denn wer sich selbst erkennt – der erkennt auch Gott. Natürlich braucht's ein wenig Zeit und so weiter... nur nicht aufgeben. Wer sich auf den Weg macht, kann doch den Weg auch schon genießen, nicht erst wenn er am Ziel ist. Im Grunde ist alles einfach, doch es wird kompliziert gemacht, es darf nicht einfach sein. Inzwischen hat man uns beigebracht, das etwas, das einfach ist, nichts taugt.

Es funktioniert so gut, daß es von einigen „Wissenden" als Waffe genutzt wird. Zum Beispiel werden sog. Wissenschaften mit so vielen schwerverständlichen Begriffen gespickt, daß es jeden graust sich auch nur damit zu befassen.

So kann man, einfach durch die Erwähnung von bestimmten Worten, (fast wie mit Tretminen) Leute dazu bringen, sich von bestimmten Gebieten fernzuhalten und somit dafür sorgen, dass sich keiner mehr die Mühe machen will, sich auch nur näher mit gewissen Gebieten zu befassen. Vielleicht auch nur deshalb, damit nie jemand dahinter kommt, dass das ein riesengroßer Haufen Scheiße ist, was sie uns weiß machen wollen.

Drum, lassen Sie lieber die Finger davon, es ist gefährlich! Ja- aber was ist denn die Gefahr? Was ist denn gefährlich am Beobachten? Was ist gefährlich an der Elektrizität? Sie knallt, kracht und ist heiß, man kann davon ganz schön schwarz werden. Halten Sie sich ja fern davon!

Gefährlich ist jedoch nur etwas, von dem man nichts weiß. Fragen Sie einen Elektriker, er wird Sie auslachen. Er weiß wie sie funktioniert und er kann damit umgehen, weil er weiß.

Eine Operation am offenen Herzen ist auch gefährlich – jedoch werden diese Operationen täglich mit Erfolg durchgeführt.

Menschen sind gefährlich! Man kann ihnen nicht trauen! Gehen Sie ihnen lieber aus dem Weg. Keiner kennt sich mit ihnen aus, keiner weiß wirklich was sie gerade denken. Der liebe Onkel aus der Nachbarschaft, viele Jahre hatte man gedacht er wäre harmlos, plötzlich bringt er seine ganze Familie um! Keiner hatte ihn wirklich gekannt.

Von diesen Betrachtungen leben ganze Scharen von Horrorschriftstellern. Aber auch Psychologen und Psychiater leben ganz gut davon. Sie erstellen dann Gutachten. Und dann weiß man, warum jemand so etwas macht. Oder?

Leider weiß man es selten, bevor jemand umgebracht wurde. Und würde man es gewußt haben, wer hätte es wirklich geglaubt? Es geht noch weiter, lieber bekämpfen wir das Unbekannte als die Chance wahrzunehmen, daraus zu lernen.

Was hätten die Amerikaner alles von den Indianern lernen können. Statt dessen war man eifrig bemüht diese Wilden radikal auszurotten. Heute werden ihre Weisheiten studiert und respektiert.

Hurra, ein Glücksfall für alle Wißbegierigen, es gibt da doch noch etwas herauszufinden, auch wenn wir schon eine Menge wissen, so bleiben doch noch eine schöne Menge an Geheimnissen – Gott sei Dank, es wäre ja auch wirklich langweilig sonst. Es gibt tatsächlich eine Unmenge an Ungewusstem.

Über GOTT und die Welt. Über Gott und das Leben. Worauf haben wir gewartet?

Dazu eine kleine Geschichte: „ Eines schönen Tages arbeiteten ein paar Menschen in einem ausgetrockneten Flußbett. Plötzlich begann sich das Flußbett mit Wasser zu füllen. Langsam stieg das Wasser an. Als es den Leuten bis an die Knie ging, sagten einige, man sollte vielleicht mit dem Arbeiten aufhören und aus dem Wasser steigen. Einer jedoch war ein sehr gläubiger Mensch, er sagte: Gott der Herr wird mich beschützen und wenn er will, so wird das Wasser aufhören zu steigen. Nach einer Weile ging den Leuten das Wasser bis an die Brust und die Meisten verließen den Fluß, indem sie sich gegenseitig hinauszogen.

Unser „Gläubiger" jedoch sagte: Wenn es Gottes Wille ist, so wird er mich erretten. Als das Wasser ihm schon bis an den Hals ging, kam ein Ruderboot vorbei und die Ruderer sagten, er könne doch ins Boot steigen, doch unser Gottesmensch blieb eisern in seinem Glauben, „der Herr wird mich in letzter Not erretten". Kurz darauf als unser Freund bereits schwimmen musste und hustend Wasser schluckte, kam ein Hubschrauber über ihm und ließ ein Seil herunter woran er sich hinausretten könnte.

Doch er blieb fest im Glauben und gurgelte gläubig vor sich hin. So also kam es, das unser lieber Mensch am Schluß ertrank. Später, als seine Seele im Himmel angelangt war (er war ja ein Musterbeispiel an Gläubigkeit) wurde er vor den Herrn gerufen. Da sprach er: Lieber Gott, warum hast Du mich nicht gerettet, ich habe doch so fest an dich geglaubt". Daraufhin sprach der Herr: Ich habe alles versucht um dich zu retten, erst habe ich dir durch Deine Kameraden ein Beispiel gegeben, wie du aus dem Wasser gelangen kannst, dann habe ich dir ein Boot gesandt und zuletzt auch noch einen Hubschrauber, aber du wolltest einfach keine Hilfe annehmen."

Der Apostel Paulus schreibt in seinen Briefen an die Römer (6.7/14):

„Denn ich weiß nicht, was ich tue, denn ich tue nicht was ich will, sondern was ich hasse, das tue ich ..." weiter schreibt er: „Wenn ich aber tue, was ich nicht will, so tue nicht ich es, sondern die Sünde, die in mir wohnt."

Was aber ist die Sünde? Die, die in uns wohnt? Woody Allen würde fragen: „Wie kam sie wohl hinein und zahlt sie auch pünktlich ihre Miete?"

Das Wort Sünde ist ein typischer Begriff aus der christlichen Kirche und bedeutet die Übertretung der göttlichen Gesetze. Die wir jedoch nur ergründen können, wenn wir das Leben, die Schöpfung und UNS selbst betrachten, erforschen und untersuchen.

Hierzu eine logische Betrachtung:

Wenn GOTT der Herr Dich so erschaffen hat, wie DU bist, kannst DU GOTT am besten verstehen, in dem DU DICH selbst verstehst.

Bitte denken Sie über diesen Satz einmal genau nach – GOTT der Herr, der Allmächtige, allumfassende Schöpfer, von Himmel und ERDE und Allem darüber und darunter- hat DICH auch geschaffen (Was für eine Ehre). Nun in dem DU einmal da bist, offensichtlich, zum anfassen und für alle Welt ersichtlich – da bist DU, das Produkt GOTTES. Einmalig in SEINER ART. DU hast einen Sinn ein Ziel und eine Aufgabe, nämlich DU zu SEIN. In allen Aspekten Deiner Persönlichkeit, ver-

bunden mit allem was Dich umgibt, was Dich ausmacht. Schau DICH an und erkenne!!!

Es ist genau wie bei einem Samenkorn, z.B. eines Baumes. Die gesamte Information, das Ziel, der Sinn und der Zweck, sind bereits im Samenkorn enthalten, sogar alle Möglichkeiten. Das Samenkorn ist bereits so intelligent, daß es genau weiß, was es zu tun hat um ein ganzer Baum zu werden. Es ist bereits festgelegt, was es alles kann, was es tun wird, wenn sich etwas verändert, der Lichteinfall, die Temperatur, die Beschaffenheit der Erde. Ja es ist sogar bewiesen worden, das die Pflanze mit ihrer Umgebung kommuniziert, eine Bereitschaft der Zusammenarbeit mit anderen Pflanzen u.s.w. Pflanzen können völlig neue Überlebenskonzepte entwickeln und dies nennt man Evolution.

Der Mensch als „Krönung" der Schöpfung beinhaltet offensichtlich eine Menge mehr als Potential. Einstein soll gesagt haben, daß wir nur 10% unserer tatsächlichen Fähigkeiten nutzen – dabei stellt sich die Frage, wenn jemand behauptet, wir würden nur 10% nutzen, so müsste er wissen, was 100% wären – warum nutzte er sie dann nicht? Ich behaupte: Es sind nicht mal 1% erahnt!

Natürlich ist das auch nur reine Spekulation, aber wenn wir unsere Entwicklung der letzten tausend Jahre betrachten und diese extrapolieren (vom Bekannten auf das Unbekannte schließen und hochrechnen), wo kommen wir dann in den nächsten tausend Jahren hin? Alles eine Frage der Entwicklung.

Was vorstellbar ist, könnte machbar werden, wie sonst könnten wir überhaupt in der Lage sein, es uns vorzustellen?

So betrachtet ist das Leben (Sie und ich sind Teil davon) schon recht interessant. Und so ist alles in völliger ORDNUNG, so wie es ist und so wie es wird. Es gibt außer dem Sein auch ein Werden. Werden ist Erschaffen und Erschaffen ist Leben.

Was aber ist LEBEN? Normalerweise unterscheiden wir lebendige und sogenannte leblose Materie voneinander. Da gibt es die Fachgebiete Biologie und Chemie.
Inzwischen gibt es Forschungen, die weitergehen und biologische Prozesse genauso untersuchen wie chemische und dort wieder Gemeinsamkeiten finden.

So hat Roman Rossberg vom H_2O – Wasserladen in Berlin in einem Artikel der Zeitschrift Mensch & Sein, die Lebendigkeit von Wasser betrachtet.
Und Theodor Schwenk sagte: ... es hat keine Organe, es ist selbst das allem Lebendigen gemeinsame Urorgan". Der japanische Wissenschaftler Masaru Emoto machte „Den Geist des Wassers" sichtbar, in dem er Wasserkristalle fotografierte und dann den Einfluss von Musik auf die Wasserkristalle sichtbar machte. Es können hierbei wundersame Veränderungen sichtbar werden.

Man kann also beobachten, das selbst so „leblose" Elemente wie Wasser eine bestimmte Intelligenz haben. Wir kennen bereits „intelligente" Metalle, die so etwas wie ein

Gedächtnis haben. Leben ist so viel mehr als wir es erahnen. Die gesamte Schöpfung ist eine einzige Funktion. Alles kommuniziert und reagiert miteinander.

Chemische Prozesse laufen immer und unaufhörlich ab. Es springt, fließt, raucht und knallt, ist immer in Bewegung und verändert sich ständig. Es spielt eine Rolle, es stellt sich dem Betrachter spielend zur Schau mit Sinn, Ziel und Zweck. Ein wunderbares Schau-Spiel.

Sie erinnern sich an das lateinische Wort „intellegentia", das soviel heißt wie „Einsicht, Verstand, Fassungsvermögen" oder auch „intel-lego" wahrnehmen, merken, ersehnen, erkennen, empfinden – also das gesamte geistige Lebenspotential.

Leben ist nur ein sehr begrenztes Wort, wenn man es nur auf das Biologische beschränkt, es kann alles beinhalten, was erfahrbar ist, was in Bewegung ist oder bewegt werden kann. Das Leben- erschaffende Prinzip, das man auch GOTT nennt, ist der unbewegte Beweger, der Ursprung allen Seins. Das, von GOTT Ausströmende ist das Leben, ist die ursächliche Intelligenz, ausgesandt um sich selbst zu erkennen um dann wieder zurückzukehren zum Ursprung. Daraus ergibt sich die logische Erkenntnis, dass GOTT selbst nicht erfahrbar sein kann. Einzig die Erscheinung, das Produkt, das Erschaffene und Erschaffung selbst als Aktion ist beobachtbar. Das ist die Intelligenz. Das ist Leben.

Erkenne Deine wahre Intelligenz, werde einfach immer mehr DU selbst als das, was Du sein kannst, was Du wirklich bist und immer fortwährend sein wirst.

Kapitel 8
VERANTWORTUNG, ein großes Wort.

Was steckt drin? Verantwortung, das seit mittelhochdeutscher Zeit gebräuchliche Verb „verantwürten" bedeutete zunächst „antworten", dann speziell „vor Gericht antworten". Danach „für etwas einstehen, etwas vertreten". Heißt auch „für etwas die Verantwortung tragen". Jedoch steckt da einen ganze Menge mehr drin. Zum Beispiel: Antwort, Erwiderung, Beantwortung oder auch Re-Aktion.

Auf eine Aktion erfolgt eine Reaktion – auf eine Ursache die Wirkung. So ist Verantwortung eine Ursache für eine Wirkung. Übernimmt man für etwas Verantwortung, so setzt man sich in die Ursache-Postition. Ich bin's gewesen!
Jemand übernimmt also Verantwortung, wenn er sich selbst mit der Tat oder dem Geschehen identifiziert. Ziemlich hart, nicht wahr? Das Gegenteil: Gibt er die Verantwortung für etwas ab – oder schiebt sie auf Andere, sagt er, das er damit nichts zu tun hat. Einfach, oder?

Ganz einfach sogar, wenn man also etwas lernen will, muß man sich damit befassen, also übernimmt man etwas Verantwortung dafür, setzt sich selbst in die ursächliche Position dazu – im heutigen Zeitalter des Individualismus sollte das doch eigentlich nicht schwer fallen. Solange man „Individualismus" nicht mit „Eigenbrödlerei" verwechselt.

Wenn jeder nur an sich denkt – so ist an alle gedacht, oder so.

Es tut mal ganz gut, wenn man sich mit diesem Thema näher auseinandersetzt.

Dies alles sind Fähigkeiten, die man verbessert, in dem man bereit ist zu lernen. Nur durch lernen kommt man zu Wissen und nur durch Wissen kommt man zu Verständnis und Verstehen. Unser Leben – über- leben, sogar das einfachste Dasein ist nur mit Wissen zu erreichen! Das Wissen, wie man eine Dose aufmacht, kann Leben retten. (Zumindest Durst löschen, und Durst kann schlimmer sein als Heimweh).

Wenn Sie aber lieber „glauben" möchten anstatt zu „wissen", probieren Sie doch mal aus, wie weit Ihr Glaube reicht.

Ein einfaches Experiment: Nehmen sie sich eine Flasche Bier, stellen sie sie vor sich hin und hoffen Sie, glauben Sie so fest wie Sie nur können, daß sie sich öffnet, und sich selbsttätig in Ihr Glas einschenkt. (Es kann auch eine Flasche Champagner sein, wenn Sie dies lieber möchten). Glauben Sie einfach so fest daran, wie es irgend nur geht.

Wenn es tatsächlich passiert, bekommen Sie sofort Ihr Geld zurück, das Sie für dieses Buch bezahlt haben. Aber dann werden Sie es wahrscheinlich auch nicht mehr haben wollen. Sollten Sie dieses Experiment aber so lange gemacht haben, bis Sie verdurstet sind, übernehme ich keinerlei Verantwortung dafür.

Spaß beiseite, es ist tatsächlich sehr ernst. Es ist so ernst, daß uns Angst und Bange wird. Und es wird uns tagtäglich immer mehr Angst gemacht. Angst kann man aber nur vor etwas haben, worüber man nichts oder zu wenig weiß. Jedoch an wem liegt es denn, wenn er zuwenig über etwas weiß?

Moderne „Angstmacher" Begriffe sind heutzutage auch: Atomkraft, Aids, Psychiatrie, Fanatismus, Sekten, Gehirnwäsche, Kriminalität, Mafia...

Schauen Sie einfach mal in eine normale Tageszeitung. Da wird mit diesen Worten und Begriffen nur so herumgeschmissen. Ob die wohl wirklich wissen, was sie tun?

Wie auch immer, es gibt eine Unzahl von Wörtern, Begriffen, Fachgebieten und Lebensbereichen, die man sehr verschieden betrachten kann, die man mißverstehen kann, über die man einseitig und unzureichend informiert sein kann.

Nichts ist immer so, wie es am Anfang scheint, das große Problem der Psychologen und Psychiater – sie wissen, warum jemand dieses oder jenes tut, warum er so geworden ist, wie er ist oder warum er so handelt, wie er handelt und sie sind der Überzeugung, das jemand so sich nicht ändern kann oder zumindest nicht ohne ihre Behandlung. Lesen Sie dazu das Buch: Die drei Grundirrtümer der Psychologie, von Jerome Kagan, einem der bedeutendsten Psychologen der Harvard Universität.

Nimmt man mal die Beschreibung der „psychiatrischen" Krankheiten, äh ich meine „psychischen" Krankheiten, so werden Sie bei genauer Betrachtung herausfinden, das Sie nicht normal sind und sich schleunigst in Behandlung begeben sollten. Mir erscheint es besser zu sein, man behandelt sich zunächst einmal selbst.

Setzen Sie sich mit den Dingen auseinander, die Sie selbst beeinflussen, die Ihnen Sorgen, Ängste oder Ärger bereiten. Aber auch die Dinge, die Sie nicht verstehen und über die Sie mehr wissen möchten, um dann damit besser umgehen zu können. Bekommen Sie die ganze Sicht, das Gesamtkonzept der Worte, Begriffe und Bereiche.

Kontrolle bedeutet, man kümmert sich drum, man weiß was gespielt wird, man hat die Sache im Griff. Wenn wir wissen was geschieht, wenn wir die Kontrolle über etwas haben, brauchen wir niemandem zu trauen. Auch nicht zu hoffen, das etwas möglicherweise gut gehen könnte – da lieg der Schwachpunkt, das sind die „ Menschlichen Schwächen", es ist einfach Unwissenheit, ungenügendes Wissen.

Das ist Alles, alles, was darüber gesagt werden kann. Warum wissen wir nichts, oder zu wenig über etwas? Bitte beantworten Sie sich dies selbst! Unsere wahren Stärken sind die, etwas tun zu können. Unsere Stärken sind Liebe, die Fähigkeit zu verzeihen, andere zu verstehen und zu helfen, wo es möglich ist.

Unsere Stärken sind Verantwortung zu übernehmen für seine und die Schwächen der Anderen, einzutreten für das was gut und hilfreich ist und immerwährend an sich selbst zu arbeiten, um darin besser werden zu können.

Verantwortung übernehmen heißt, sich in die Situation eines Anderen hinein zu versetzen. Verantwortung für seine Gedanken, seine Taten und seine Handlungen, für seine Ziele zu übernehmen. Wenn ich mir etwas vornehme, so ist es eine Art Versprechen, es auch einzuhalten, es zu erreichen, für mich und alle Beteiligten. Genauso wie bei einem Werbeplakat, einer Partei oder einer Firma. Wenn es heißt: Sie können sich auf uns verlassen.

Es ist in der Tat eine Versicherung. Nicht wie üblich bei DEN Versicherungen, wenn es heißt „ Wir sichern Sie, wir sorgen für Sie, wir beschützen Sie," u.s.w. Sie kennen die Versprechen der Versicherungen: Gibt es dafür tatsächlich eine Garantie? Wenn uns Aktien verkauft werden mit der Parole: Wir machen mehr aus Ihrem Geld! Wir sind der Fels in der Brandung oder bei uns ist mehr für Sie drin! Dabei ist im Grunde nichts falsch, an den Versicherungen an sich. Nur die Worte, mit denen sie sich „verkaufen" sind einfach nicht ehrlich.

Würde man sagen: Wir stehen Ihnen dann bei, wenn sie in Schwierigkeiten geraten sind, vorausgesetzt, sie haben ihre Prämien rechtzeitig bezahlt und die Geschäftsbedingungen richtig gelesen und verstanden. Das wäre einfach die Wahrheit. Und sie würden ihre Zahlen offenbaren, wieviel ist an Prämiengeldern tatsächlich für die Kunden übrig und wieviel haben wir uns in die eigene Tasche gesteckt.

Auch bei Aktienverkäufen wäre es doch nur fair, wenn der Verkäufer, also die Banken oder die Fondsgesellschaften nur dann daran verdienen würden, wenn auch der Kunde einen Gewinn gemacht hat. Später, wenn dann die Aktien in den Keller gerauscht sind, und wir unser Geld verloren haben, wo bleibt dann deren Verantwortung?

Die sagen dann, dass bei Aktien auch ein Risiko enthalten ist, das weiß doch jeder vorher!

Stellen Sie sich vor ein Handwerker würde bei Ihnen die Wasserleitung reparieren und am nächsten Tag haben Sie dann einen Wasserrohrbruch – würden Sie es richtig finden, daß er trotzdem dafür bezahlt wird? Oder der Automechaniker, der Ihren Wagen so repariert, daß der Motor nach den nächsten hundert km den Geist aufgibt?

Dafür gibt es Garantien, denn der Handwerker muß ein Fachmann sein, der dafür einstehen muß, dass der Kunde wirklich eine Leistung erhält. Doch der Aktienverkäufer – übernimmt er eine Garantie? Ist er wirklich ein Fachmann oder ist er nicht viel mehr als ein Glücksspieler?

Meine Verantwortung dafür ist, daß ich dies heute weiß, weil ich weiter geforscht habe und herausgefunden habe, das es besser ist sein Geld durch eigene Arbeit zu verdienen als es sich von Anderen verdienen zu lassen.

Doch es ist die Verantwortung von jedem selbst. Das ist ein Thema, dass jeder für sich selbst erarbeiten und erfahren muss. Dann gibt es die Verantwortung für WISSEN. Es ist die Verantwortung, Hilfe zu leisten, wenn Hilfe gebraucht wird und man diese Hilfe leisten kann.

Und – es ist genauso eine Kunst, Hilfe annehmen zu können, ich möchte dies hier einmal betonen, daß ich ohne die Hilfe von Anderen nicht zu diesen Erkenntnissen gekommen wäre. Der Hilfe meiner Eltern, meiner Familie, meiner Freunde und Wegbegleiter. Auch von denjenigen, die mit mir Schwierigkeiten hatten, die mich nicht verstanden und die ich nicht verstehen wollte oder konnte.

Auch das gehört zum Leben, Hilfe zu akzeptieren und dankbar dafür zu sein.

Dankbar zu sein, für die vielen guten Geister, die uns im Leben begegnen, die uns begleiten, zu uns halten und uns Mut machen. Auch dankbar für unsere Gegner, von denen wir andere Gesichtspunkte erfahren können, auch sie haben das Recht, die Dinge mit ihren Augen zu betrachten.

Das Leben besteht aus Geben UND Nehmen. Es ist vielleicht nicht immer möglich, für alles, was man bekommt auch ausreichend zurückzugeben, nicht immer sofort und im Einzelnen genau an die Stelle oder die Personen, die uns halfen. Und man kann wahrscheinlich nicht immer alles wieder in Ordnung bringen, was man verursacht oder verbockt hat. Doch man kann es wertschätzen, wenn man vom Leben etwas bekommt und seine Erkenntnisse und sein Wissen, das man erlangen durfte, dann auch den anderen Menschen weitergeben, so daß es einen Ausgleich ergibt. Ich biete meine Hilfe jedem an, der sie braucht und wünscht. Beispiele dafür findet jeder in seinem Leben. Auch dafür tragen wir Verantwortung. Und so steigt der Level für Verantwortung in dem Verhältnis, wie man sein Wissen, Können und Bewusstsein erweitert.

Kapitel 9
Die einzig verändernde Sache ist das TUN.

Es ist tatsächlich unvorstellbar, welchen Segen wir alle daraus ziehen könnten, wenn in Zukunft alle Menschen nur noch über ihr TUN berichten würden. Es ist in der Tat so ungewöhnlich, daß allein diese Vorstellung uns selber extrem schwer fällt. All die Versprechungen, die uns letztendlich doch immer wieder enttäuscht haben, würden wegfallen – die Politiker hätten unglaublich viel Zeit endlich das zu tun, weswegen wir sie gewählt haben.

Jemand sagt: „ ich werde .... ich will .... ich verspreche .... O.k. – was hast Du tatsächlich bisher getan? Und was tust Du jetzt?

Die Worte „könnte" und „würde" oder „sollte" und „hätte" werden dabei immer weniger.

Wenn jeder nur ein wenig aktiver wäre – und nicht so lange auf Anregungen von Außen warten würde. Dies genau aber machen wir ja jetzt, Sie und ich und alle die auch der Meinung sind, das etwas verändert werden muss. Genauso kann es sich auch mit unseren Wünschen und Zielen verhalten, wir müssen uns immer umschauen, auf die „Zeichen" achten und immer bereit sein, gute Gelegenheiten erkennen. Alle Möglichkeiten ausschöpfen und weitersuchen.

Ein guter Freund und Lehrer von mir sagte einmal: „was Du machen mußt, ist -unter die Leute gehen – hinausgehen. Mit vielen kommunizieren. Du mußt Dich und Deine Produkte oder Dienste bekannt machen. Werbung betreiben."

Publik Relation – Öffentlichkeitsarbeit, heißt „Gute Taten" bekanntmachen.

Andere finden und für Ihre Ziele begeistern oder sich anderen mit ähnlichen Zielen anschließen. Oder einfach Vielen Ihre Dienste anbieten. Dann jedoch, wenn Sie Nachfrage verursacht haben, müssen Sie auch liefern, was Sie angeboten haben. Und zwar in guter Qualität oder großen Mengen. Je nach dem Bedarf und den Wünschen der Anderen. Geben Sie einfach jedem, was er braucht.

Manchmal genügt ein Lächeln, ein aufmunterndes Wort, ein Hinweis oder es genügt auch oft, nur einfach mal zuhören zu können. Was also möchten Sie für sich erreichen? Ich frage Sie, weil ich es Ihnen liefern möchte, weil ich ein „Dienstleister" bin, weil ich Ihnen gerne diene.

Jeder Mensch ist in irgend einem Punkt auch ein Dienstleister, auch ein Handwerker, Künstler, Schriftsteller oder Wissenschaftler. Denn wenn das, was er produziert, niemandem einen Dienst erweist oder nutzt, so wird er letztendlich verhungern oder hinter Gitter gesperrt.

Die allgemeine Bezeichnung Dienstleister trifft auf eine große Menge der verschiedensten Berufe und Tätigkeiten zu. Zumeist wird damit gemeint, einen direkten Dienst an Menschen zu leisten – der Mensch selbst ist hier der Mittelpunkt. Die Leistung wird am Menschen oder für den Menschen, zum Zwecke seines Wohlbefindens, seiner Gesundheit oder als Hilfestellung zur Erleichterung seiner persönlichen Aufgaben, seines Lebens und dessen Erfordernissen erwünscht und erbracht.

Die Schlüsselworte sind Dienen und Leisten.

Dienen bedeutet für den Dienstleister sich selbst und seine Person zurückzustellen und seine eigene Arbeitskraft und Fähigkeiten in einem bestimmten Umfang einer oder mehreren anderen Personen zur Verfügung zu stellen. Der Umfang dieses Dienstes kann auf einer Skala von vollkommenem Einsatz des gesamten Menschen, seinem Leben und Körper, seiner geistigen Fähigkeiten bis hin zu dem Erteilen einer Auskunft oder einer Handreichung ausgeübt werden. Voller Einsatz des Lebens und der ganzen Person kann man sich bei einem Soldaten z.B. vorstellen und in der totalen Form bis hin zu einem Sklaven, bei dem der gesamte Wert einer Person zum Eigentum einer anderen Person wird. Dies geschieht meistens jedoch nicht aus eigenem Willen und ist im Grunde unnatürlich und unlogisch, da es dem eigenen Überlebenswillen widerstrebt.

Auch ein Selbstmordkämpfer wird meistens nur durch eine Lüge oder Vortäuschung zu seiner Bereitschaft, sich selbst für fremde Zwecke zu töten, gebracht. Dies ist im Grunde deswegen unlogisch, da ein Lebender immer noch mehr dienlich sein kann als ein Toter.

Somit liegt in der Dienstleistung eine hohes Maß an Verantwortung auf beiden Seiten – einerseits auf Seiten des Dienstleisters, der ständig daran arbeiten sollte, seine Leistungen zu verbessern, ohne sich dabei selbst zu schaden. Andererseits beim Kunden oder Dienstherren. Und die Verantwortung des Dienstherren ist es, dies in einer ausgewogenen Form zu nutzen und zu belohnen.

Man spricht von Ausbeutung, Ausnutzung und Raubbau bei sich selbst und seinen Mitmenschen, wenn dabei kein genügender Austausch stattfindet.

Austausch oder Ausgleich ist hier das Grundprinzip der Erhaltung einer Leistung. Warum wohl ist die „Wellness" Branche so am boomen? Oder der Tourismus. Die Menschen brauchen ihren Ausgleich, Erholung und Ruhe gegenüber Aktion und Beanspruchung. Das alte chinesische Yin & Yang symbolisiert den Ausgleich der Kräfte. Dies ist jedoch kein statischer Zustand, also nicht gleichbleibend oder ruhend, verharrend.

Mal gibt es mehr Aktivität, mal mehr Ruhe. Ob äußerlich oder innerlich, jeder sollte sich hier beobachten und einschätzen. Und wenn man eine Zeitlang in ein Extrem gegangen ist, sollte man wieder zum Ausgleich in die andere Richtung gehen. So man kann sein Grenzen ausweiten wie ein Sportler, üben, trainieren, Aktion, aber auch wieder Entspannung.

Gerade auch in der Ernährung ist der Ausgleich besonders wichtig, die richtige Balance ist hier der Weg zur Gesundheit.

Und in der Wirtschaft sind die Anzeiger für Austausch die Börsen, Aktienkurse Index u.s.w. Es ist wie bei Statistiken – sie nützen nur etwas, wenn sie der Wirklichkeit entsprechen.

Die wären in der Tat sehr hilfreich, wenn die Bewertungen ehrlich wären und nicht ununterbrochen zum Vorteil einiger Spekulanten manipuliert würden

Der gemeinsame Nenner der Wirtschaft ist Austausch. Ohne Austausch keine Wirtschaft, Austausch ist das Verhältnis von Geben und Nehmen. Das Ziel kann letztendlich nur sein, den größten Nutzen für die größte Anzahl der Beteiligten zu erreichen.

Die Leistung kann man an dem erschaffenen Produkt messen, das oder die Produkte sind das einzige was zählt. Jedoch nicht allein die materiellen Produkte, auch die ideellen, ansonsten würde jeder Reiche automatisch glücklich sein und bleiben. Wirklich glücklich bleibt nur derjenige der seinen Reichtum teilt. Und es könnte ein Ziel von Reichtum sein, anderen zu helfen, in dem man den Reichtum mit-teilt.

Ein alter Römer sagte: Teile und herrsche.

Jeder Dienstleister „produziert" etwas.

Das Produkt eines Kellners wäre z.B. ein vollkommen zufriedener Gast, der seine Rechnung bezahlt hat und mit dem Wunsch geht, gerne wiederzukommen. Dies kann bis hin zu zufriedenen Gästen führen, die wiedergekommen sind und das Lokal gegenüber weiteren Personen empfohlen haben.

Das absolute Endprodukt eines Lokales wäre dann, beständig ausgebucht zu sein, überall bestens gelobt und bekannt zu werden und eventuell weitere Filialen zu eröffnen. Somit hätte dies zur Folge, den größten Nutzen für die größte Anzahl zu bieten. Man könnte dies „Blühen und Gedeihen„ oder schlicht „Gesundes Wachstum" nennen.

Die Schwierigkeiten eines Dienstleistungsberufes entstehen, wenn über dessen Zweck Unklarheit herrscht. Zuviel Autorität, akademische Auszeichnungen, Prestige-Denken etc. führen oft zu Fehlern oder Untätigkeiten. Wenn Studenten und Schüler nur nach Auszeichnungen streben ohne dabei im Sinn zu haben, wirklich was für das Leben nutzbares, anwendbares und produktives zu erlernen und dieses dann später auch als Dienst zu leisten.

Ein „Professor" nutzt keinem, wenn er nicht etwas anwendbares oder brauchbares lehrt. Eine Ausbildung auf dem Papier nutzt keinem etwas, wenn der Ausgebildete auf seinem Gebiet nichts tut. Ein Vermögen nutzt wenig, wenn man damit nichts vermag. Wissen ist im Grunde unnötig, wenn es keiner gebrauchen kann.

Zuviel Aktivität führt zu Erschöpfung, unverhältnismäßiges Streben nach materiellen Werten führt zu Mißgunst und einem Verlust des Vertrauens. Wer jedoch seine Produktivität als Ziel und Zweck versteht, ist als Dienstleister auf dem richtigen Weg.

Bei einer Klinik, einer Arztpraxis oder einem Anwaltsbüro kann es zu einem vermeintlichen Paradoxon kommen, da das Produkt eines Arztes z.B. „Geheilte Patienten" ist und es letztendlich bei einem angestrebten Endprodukt von „Gesunden Menschen" keine weiteren „Patienten" mehr zu behandeln gäbe. Dies kann jedoch nur theoretisch betrachtet werden, da es in der Natur des Menschen liegt, Krankheiten zu haben und der menschliche Körper leider immer noch dem Zyklus von Geburt und Tod ausgesetzt ist.

Genauso verhält es sich bei einer Anwaltskanzlei oder einer KFZ-Werkstatt. Anwälte wird es immer geben, solange es Streitpunkte gibt, Werkstätten gibt es immer solange es etwas zu reparieren gibt. Und so wird es immer eine Nachfrage nach guten Dienstleistungen geben. Dienstleistungen wird es immer geben solange es Menschen gibt! Gut geleistete Dienste führen immer zu Wohlstand und Erfolg.

Es ist ein Grundwesen der Natur, den Ausgleich immer wieder herzustellen, man braucht nur genau zu beobachten, sich selbst, seine Umgebung, das Leben, um es in Allem zu entdecken. Bleiben Sie nie lange EIN -SEITIG. Das Leben ist eine Multidimension. Neben Hoch, Tief, Raum und Zeit gibt es eine Menge mehr Dimensionen als allgemein angenommen. Die Dimension der Emotionen, Zuneigung,

Verstehen, Imagination und Kreativität. Hier ist unendlicher Reichtum vorhanden oder zu erschaffen.

Nun betrachten Sie einmal dies mit Ihren Augen, was möchten Sie für sich UND für uns erreichen, ist dies nicht ein neuer Gesichtspunkt?

Da haben wir Vergangenheit, Gegenwart und Zukunft. Es wäre wie ein Einkaufszettel – jeder kennt so etwas – alle erledigten Dinge würden einfach durchgestrichen, bis alles abgehakt ist und das Ziel erreicht wurde.

Was würde geschehen, wenn Sie so etwas ganz einfach auf alle Lebensbereiche übertragen würden? Bitte denken Sie einmal selbst diese Anregung zu Ende!

Es würde unsere Lebenseinstellung verändern.

Eine Einstellung zu einer Sache ist wie eine Einstellung bei einem Rundfunk-Gerät. Man bekommt immer nur den Sender, der gerade auf dieser Welle empfangen werden kann.

Verändert man seine Wellenlänge und Bandbreite, so können eine Vielzahl von „Sendungen" empfangen werden. Und auch umgekehrt kann jeder seine „Zuhörerschaft" erweitern, also Aufmerksamkeit und Beachtung vergrößern.

Da haben wir die Sache mit der Einstellung. Und nun kommt auch der Glaube wieder ins Spiel. Wenn Sie sich selbst so überzeugt haben, daß Sie absolut sicher über eine

Sache sind, so entsteht Ihre innere Wirklichkeit und Wahrheit. Und die kann dann offensichtlich Berge versetzen.

Dafür gibt es genug Beispiele im Leben.

Dieses Buch wurde für jeden geschrieben, insbesondere für diejenigen, die etwas im Leben verändern möchten, es wurde für alle geschrieben, die etwas heraus finden möchten. Die aus etwas heraus oder die in etwas hinein kommen möchten. Je nach dem, von welcher Seite man es betrachtet.

Es wäre die ideale Gefängnis-Literatur, einerseits hätte man dort genügend Zeit, und es gibt bestimmt eine Menge Dinge die man dabei entdecken könnte um sein Leben wieder in den Griff zu bekommen.

Betrachten Sie also jetzt noch einmal die vorigen Kapitel zu den Themen:

Lernen, Arbeiten, Geld, Religion Moral, Recht, Mathematik, Freiheit, ... u.s.w. und picken Sie sich einfach mal etwas davon heraus und betrachten es einmal ganz unvoreingenommen, also NEU!

Machen Sie sich an die ARBEIT!

Wenn Sie bei dem Wort „Arbeit" ein ungutes Gefühl haben, so ist das durchaus berechtigt. Denn dieses Wort stammt vom germanischen „arbejidiz„ ab und bedeutet Mühsal und Not. (Wahrig, Deutsches Wörterbuch). Auch die Franzosen empfinden Arbeit als „anstrengend und mühevoll„ es heißt dort „travail". In anderen Sprachen haben sie über Arbeit nicht ganz so mühevoll gedacht. Englisch: work, das dort so viele Bedeutungen enthält, wie z.B.: Etwas zu Ende zu bringen, zu kreieren, erschaffen, zu lösen und zu verursachen. Genaugenommen müsste man das englische Wort „work" nicht in das Deutsche „Arbeit" übersetzen, sondern in „Werk ", das bedeutet doch eher etwas Kreatives, etwas wertvolles, oder?

Sehen wir es uns im Herkunftswörterbuch an: Werk -Mittelhochdeutsch, werc, englisch, work, schwedisch, verk – verwandt mit -werken- und dem griechischen , ergon, en-ergos, en-ergeia „ Die wirkende Kraft", also Energie.

Das kann doch eher Freude und Spaß machen, man muß es doch wirklich nicht mit Mühe, Anstrengung und Not verwechseln.

Ja, so sind wir halt, die Deutschen nehmen das Leben halt etwas „ernster". Da kommt das Schwäbische „Schaffe, schaffe, Häusle baue" doch etwas näher an Er-Schaffen heran, auch wenn es nicht immer leicht ist, bei den Immobilienpreisen heutzutage.

So kann man Worte „aufschließen", ihren Inhalt herausziehen, wie wenn man auf einer einsamen Insel nach dem vergrabenen Piratenschatz sucht. So können auch Sie in den Worten tiefere Bedeutungen finden.

Nun ein anderes „Reizwort". In dessen Namen allzuviel Unsinn getrieben wurde.

Wußten Sie zum Beispiel, dass -Religion-, (Das Wort entstand aus dem lateinischen : religio, was soviel wie Gewissenhaftigkeit, etwas bedenken und auch zurückschauen bedeutet.) im Grunde nichts anderes als die Suche nach dem eigenen Ursprung ist. Jemand der seinen eigenen Sinn im Leben finden möchte, der sich und Andere fragt, warum, woher u.s.w.. Dabei kommt man dann auch an die Suche nach dem Göttlichen und was damit alles so verbunden ist. Die Kirchen, Religionen, Propheten und deren Erklärungen. Doch auch dies entstand erst aus der Suche. Suchen Sie, was immer Sie zu ergründen wünschen, aber TUN Sie es auch.

So könnte man bereits jemanden, der sich fragt, warum er immer seine Brille verlegt, einen religiösen Menschen nennen. Tatsächlich könnte es so einfach sein. Und während er sich so fragt, was das Ganze soll, also sich selbst etwas näher betrachtet, (wozu er nicht mal seine Brille braucht) wird er immer wieder ein kleines Stückchen Selbst-Erkenntnis gewinnen. Und dann kann er auch anfangen etwas auszusortieren. Die guten ins Töpfchen, die schlechten ... oder so ähnlich.

Die Auflösung des Mißverständnisses über ein Wort oder einen Begriff führt zu einem besseren Verstehen. Es führt uns zu einer neuen Sicht und verändert dann auch unser Handeln. Man könnte sich mit anderen Leuten besser verständigen, indem man Betrachtungen austauscht.

Jetzt kommen wir zu einem wahren Leckerbissen von Wort: Lernen

Sie erinnern sich an das Kapitel: Lernen ist schmerzhaft? Sehen Sie sich die Sachen mal von einem anderen Standpunkt aus genau an – so kann man Schmerzen beseitigen!

Lernen, aus dem englischen: learn, das wiederum aus der Wortgruppe „leisten" kommt, was ursprünglich„ eine Spur verfolgen, nachspüren, bedeutete. Im Gotischen hieß es „lais", ich weiß, eigentlich „ ich habe nachgespürt".

Eine Spur verfolgen, etwas nachspüren – „spüren" ist auch „empfinden", „wahrnehmen", etwas zu seinem Ursprung zurückverfolgen. Dazu gehört auch „Spuren lesen", überhaupt „lesen".

So kann der Eine „lernen" als etwas mühsehliges, anstregendes oder sinnloses betrachten, der Andere aber als ein Abenteuer (Dieses Wort kommt ursprünglich vom lat. „advenire", daß soviel bedeutet wie auf etwas stoßen, etwas erwarten, sich ereignen... vergl. auch Advent). Also ein zu erwartendes Ereignis. In dem man dann sein Wissen und seine Fertigkeiten und Fähigkeiten erweitert, um mehr erreichen und tun zu können. Dadurch erfolgreicher und auch glücklicher zu sein. Das wäre doch ein Ziel auf das man lernend hinarbeiten könnte, oder?

Aufsammeln, aufnehmen, auflesen, ja, lieber Leser, erinnern Sie sich an „re-ligio"? Könnte somit ein „Lernender" nicht auch ein religiöser Mensch sein? Welche Spur verfolgen wir denn? Und was lesen wir dabei auf, was finden wir auf dieser Spur?

Das kann etwas sein was Sie daraus gelernt haben, etwas was Sie nicht mehr „lernen" müssen – ein Stück Wissen oder aber etwas, was Sie nicht mehr brauchen oder nicht mehr wollen und in Zukunft nicht mehr tun wollen – oder woraus Sie erkannt haben, daß Sie dies oder etwas anderes ändern wollen. Es kann schon allein das sein, dass sie etwas tun wollten, und es dann auch getan haben. Oder etwas nicht tun wollten und es dann auch gelassen haben.

Dann freuen Sie sich, wenn Sie wieder einmal etwas herausgefunden haben. Lob, Lob , das haben Sie gut gemacht. Fühlt sich gut an, oder?

Und – machen Sie so weiter , immer wenn Sie sich etwas besser fühlen, eine neue Erkenntnis hatten oder etwas Brauchbares an Ihrem Scheißleben gefunden haben, hören Sie auf, freuen Sie sich ein Weilchen daran.

Wenn Sie dann wieder mal etwas entdecken, was nun wirklich beschissen ist, beginnen Sie die Übung neu.

Schauen Sie sich doch mal die modernen Reiz-Wörter an. Die Wörter, die soviel Schmerz und Leid verursachen können, die Wörter, bei denen wir uns unwohl fühlen, die uns belasten und beunruhigen können.

Wie zum Beispiel: Drogen, Alkohol, Armut, Schmerz, Wut, Stress, Leid, Lärm, Atommüll, Aids, Sucht, Krankheit, Krieg. Oder auch: Liebe, Lust, Sex, Moral, Triebe, Freundschaft, Ehe, Partnerschaft. Und Geld, Macht, Besitz.

Reichtum oder Glaube, Hoffnung, Gefühle, Emotionen, Seele, Geist, Gott u.s.w.

Alles menschlich, alles gehört zum Leben – OK – aber sind Sie wirklich glücklich? Mit Ihrem Leben? Mit dem Leben, so wie es heute ist? Ja? Gratuliere!

Kapitel 10
Wahres Glück (War es Glück?)

Man kann doch nicht alles wissen, wer kann denn schon die Welt ändern, jeder hat doch seine Schwächen, jeder hat seine kleinen Probleme – sind wir doch ehrlich. Es war schon immer so. Es wird sich nicht ändern. Es gehört zum Leben. Wir Menschen sind halt so, keiner ist vollkommen. Aber, was macht uns denn wirklich glücklich?

Wenn es da eine Lösung gäbe, so hätte man es uns doch bestimmt schon gesagt!

Ich warte immer noch auf den neuen Fernsehkanal: DGW (Die ganze Wahrheit), das Programm, dass uns endlich alle Probleme löst, mit Hans Meiser und Ilona Kristen.

Leider ham ses noch nicht so ganz – wär doch auch langweilig – lieber schaun wir doch die Sender, wo sich die Leut so zeigen wie sie wirklich sind, mit all ihren kleinen Schwächen. Das ist doch auch mutiger, wenn man ganz offen dazu steht, wie **Scheiße** das Leben schon mal sein kann.

Was macht uns glücklich? Was ist das überhaupt?

Haben Sie schon mal „Glück gehabt", waren Sie schon mal in Las Vegas?

Da winkt das GROSSE GLÜCK aus jedem Kasino, hinter der glänzenden Fassade, hier wird jeder glücklich – Jeder?

Glück oder Zufall?

Ist es das, was einem zufällt, das was unabsichtlich, ohne Grund, völlig plötzlich, geschieht. Allzu gerne verlassen wir uns auf unser Glück und wir hoffen, daß alles gut geht.

Ja, ja, die „menschlichen Schwächen". Aber warum sind es „Schwächen" und nicht Stärken? Das liegt in der Bedeutung der Worte, und in deren Auslegung – wir hoffen, es wird schon, aber **was** wird?

Sehen wir uns das Wort Hoffnung einmal etwas näher an: Hoffnung – englisch hope, das aus dem westgermanischen – hopen – entstandene Wort, kommt von der Wortgruppe – hüpfen – (zappeln, vor Erwartung aufgeregt umherhüpfen). Was machen wir da eigentlich? Warten auf das große Glück?

Wir glauben, er-warten etwas, genaugenommen – wir warten, dass etwas geschieht. Aber warum warten? Dieses Wort kommt auch von dem Wortstamm – warten -etwas warten, sich um etwas kümmern, bedienen.

Im Englischen ist der „waiter" die Bedienung, der Kellner. Oft meint man der „waiter" heißt deswegen so, weil man auf sein Erscheinen (und sein bestelltes Essen) eine ziemlich lange Zeit warten muß. Aber was macht der höfliche Gast, er hofft. Und zwei Stunden später wird er dann langsam seine Hoffnung los.

Doch **nun** können wir also etwas tun, und müssen nicht mehr darauf warten bzw hoffen.

Das ist doch der wahre Gottesdienst, wir dienen, in dem wir etwas tun – nicht durch erhoffen und darauf warten, das etwas geschieht. Denn dabei werden wir zu oft enttäuscht.

Oder das Wort „Vertrauen„. Vertrauen ist ein Blankoscheck, den man sich nur leisten kann, wenn es einem egal ist, ob er eingelöst wird und man nichts dafür zurückbekommt. Nur so kann man es sich leisten zu vertrauen.

Ver-trauen (Jemandem etwas trauen – Trauen kommt auch von treu sein, bedeutet auch zutrauen, zutraulich, vertraulich u.s.w.) Wir geben das Zepter aus der Hand, wir machen Andere oder Anderes zur Ursache und werden selbst zur Wirkung! Kennen Sie nicht auch den Ausspruch: Vertrauen ist gut, Kontrolle ist besser?

Wahres Glück erreicht man nur dadurch, in dem man es in sich SELBST findet.

Oft habe ich dies schon gelesen und aus weisen Mündern der großen Gurus auf mich einwirken lassen. Es ist am Anfang wirklich schwer zu verstehen, es brauchte eine gewisse Zeit es zu erfahren.

Machen Sie mal den Versuch und spielen Sie einfach „Glücklich Sein„. Dies beginnt, indem Sie sich einfach vornehmen etwas glücklicher zu sein.

Beginnen Sie mit einem Lächeln.

Dann schauen Sie sich einmal um, hier, jetzt, suchen Sie sich irgend etwas in Ihrer Umgebung, etwas, das Sie mögen, etwas, das Sie gerne haben, dass es da ist.

Oder bei Ihnen selbst, etwas, das Sie an sich mögen, etwas, das Sie gut können und gut gemacht haben. Etwas, das sie vorhaben, worauf Sie sich freuen.

Schreiben Sie es auf ein Blatt Papier.

Und?

Nebenbei gesagt, es ist manchmal auch gut, wenn man unglücklich ist.

Alles im Leben hat einen bestimmten Preis, alles hat zwei oder mehrere Seiten, großes oder kleines Glück kann man manchmal erst richtig empfinden oder erfahren, wenn man es sich auch „verdient" hat. Richtig genießen kann man oft nur Dinge, die man schwer erkämpfen musste, für die man Tage und Nächte geschuftet, gebangt hat oder für die man größere Hindernisse überwinden mußte. Das „GIP-FEL-Glück" kann man doch auch erst richtig genießen, wenn man zuvor den beschwerlichen Aufstieg hinter sich gebracht hat. Der Wert eines Sieges ist doch meistens abhängig von langen Kämpfen, von erfahrenen Niederlagen, nach denen man nicht aufgegeben hatte sondern TROTZDEM weitermachte. Das Besondere eines erreichten Zieles ist doch immer der lange Weg, die Durststrecken, die man überwunden hatte.

Wer niemals richtig IN der Scheiße saß... , wem alles im Leben leicht fiel, geschenkt wurde oder wem alle Hindernisse aus dem Weg geräumt wurden, der kann „ Wahres Glück" gar nicht richtig genießen.

Die Chinesen sagen „ Der Sonnenschein ist am schönsten NACH einem Gewitter."

Ein anderer Spruch sagt: Wenn es am dunkelsten ist, beginnen die Sterne zu leuchten!

Wenn Sie dies wissen, und die Lebenserfahrung wird es Ihnen bewußt machen oder bereits gemacht haben, müssen Sie sich dieses nur in Zeiten der „Gewitter" immer wieder einmal vor Augen halten. So kann man auch im größten Dreck, mitten in der Scheiße, genau dann, wenn der schwierigste Moment des Aufstieges beginnt oder wenn alles um Sie herum düster bis schwarz oder hart und brutal vorkommt, immer sicher sein: Der Moment des Triumphes ist nicht mehr weit!

Wenn ich einen verhangenen, düsteren Himmel über mir habe, weiß ich ganz genau „ Die Sonne scheint immer dahinter, auch wenn ich sie im Moment nicht sehen kann, oder manchmal auch nicht sehen WILL".

Genießen Sie auch Ihre „schweren" Tage, lassen Sie sich ruhig mal „hängen", einfach mal traurig oder verärgert, zornig oder betrübt sein. Das ist völlig in Ordnung.

„Unten" kann es auch mal schön sein. Armut ist keine Schande. Unwissend und dumm sein kann jeder mal. Niemand kann tiefer fallen als „in GOTTES Hand". Und, es gibt auch so etwas wie „EIN PROBLEM". Oder vielleicht sogar viele davon.

Das Problem, aus dem Lat. problema, das Vorgelegte, die Aufgabe, die uns das Leben stellt.

Nun, ein Problem ist nichts anderes als eine Aufgabe, die zu lösen ist. Dies kann eine Herausforderung sein oder auch ein Hindernis, das sich uns beim Voranschreiten auf ein Ziel in den Weg stellt. Jeder von uns muß dies oft in seinem Leben erfahren.

Alles scheint fröhlich voranzukommen, wir gehen frohen Mutes an eine Aufgabe, doch plötzlich und unerwartet stellt ES sich uns frecherweise in den Weg. Manchmal als kleines Hindernis über das wir mit leichter Anstrengung hinweg steigen können. Doch es kommt vor, daß es sich RIESIG vor uns auftürmt, schier unüberwindlich und gnadenlos – ein voller STOPP, gerade als wir mit hundert Sachen dahinrasen. Auf einmal fällt man in ein tiefes Loch, ist hart vor den Kopf gestoßen und fragt sich WARUM? Warum jetzt? Warum passiert MIR das? Was habe ich falsch gemacht? Warum, oh Herr hast DU mich verlassen?

Egal, was immer dies auch ist, es ist logisch betrachtet nur ein Stopp. Eine neue Aufgabe, die uns, meist unerwartet, das Leben stellt.

Dies gehört genauso zum Leben wie wir selbst. Denn das Problem sind WIR SELBST. Jeder hat oder bekommt SEIN Problem, es gehört ihm ganz alleine, denn jeder hat eine andere Sicht oder Einstellung zu dem Problem.

Eine Mauer mag für eine Maus ein großes Hindernis zu sein, für einen Elefanten jedoch kaum beachtenswert. Andereseits kann eine Maus durch einen schmalen Spalt schlüpfen, der Elefant jedoch würde darin stecken bleiben. Alles eine Betrachtungs-Perspekive .

Egal, also aus welcher Perspektive, als Maus oder Elefant oder gar als Vogel, sieht alles etwas anders aus. Nun, wie ist es im wirklichen Leben. Was läßt uns glauben, wir wären Maus, Elefant oder Vogel, Fisch, Dinosaurier oder Ameise?

Es ist UNSER Bewusstsein, es sind UNSERE Betrachtungen und Erfahrungen. Und es ist vor allem UNSER Wissen und das daraus resultierende KÖNNEN!

Wer sagt uns, was wir wissen und können? An wem liegt es MEHR zu wissen und zu können? WER kann sich dieses Wissen und Können aneignen, wenn es fehlen sollte? Woher, womit und wodurch bekommen wir es?

Darüber ist bereits schon vieles in den vorherigen Kapiteln geschrieben worden. (Lesen Sie es nochmal nach) und ... sollte etwas fehlen, SUCHEN Sie weiter.

Ein einzelnes Ziel kann man aufgeben, neue Ziele können daraus entstehen. Doch bedenken Sie: Jedes AUFGEGEBEBNE Ziel ist ein stehen gebliebenes Problem. Angehäufte Probleme ergeben auch irgendwann einen Berg. Doch manchmal muß es sich zu einem BERG anhäufen um unsere volle Aufmerksamkeit herauszufordern.

Manchmal entwickeln wir erst die Energie mit unseren Aufgaben! Wie bei einem Fahrzeug müssen wir dann in einen anderen Gang schalten um alles aus uns herauszuholen. Oder wir müssen uns einen neuen MOTOR suchen. Es ist unser Motiv, unser Beweggrund das den Antrieb hervorbringt

Manche glauben, das es materielle Ziele sind, die uns motivieren und all zu oft werden wir ENT-TÄUSCHT. Was ja auch gleichzeitig das Ende der Täuschung bedeutet.

An materiellen Zielen haben wir nur kurzzeitig wirkliche Freude – schauen Sie sich das mal in Ruhe an. Die wahre Motivation liegt im Leben selbst, in unseren Grundmotiven. Was treibt uns an, wenn wir gar nichts haben, außer uns selbst? Außer unserem nackten Leben? Worin liegt der SINN des Lebensantriebes an sich?

Weitersuchen!!! Sie werden es finden!!! Denn DAS ist der GRUND aller Probleme überhaupt. Das IST unsere Aufgabe. Und ich kann Ihnen versprechen, das ist es, was

Sie suchen und was Ihnen bei jeder neuen Erkenntnis neue Kraft gibt, weiterzumachen!!!

Was erhalten wir dafür als Lohn? Alle großen Gewinne die man aus dem Leben erwarten kann: FREIHEIT und GLÜCK! WISSEN und WAHRHEIT!!!

DER WIRKLICH WEISE KENNT DAS GANZE LEBEN!

Ein echter Seemann kennt alle Wetter und er weiß, daß die wildeste See sich auch wieder beruhigt. Und der schönste Diamant erzeugt sein Feuer erst nachdem er „geschliffen" wurde.

Also, lassen Sie sich nicht entmutigen, wenn Sie mal „geschliffen" werden, lassen Sie sich nicht stoppen, wenn die „Wellen" hoch schlagen, erkennen Sie, auch wenn es mal „hoch her" geht, das dies Ihre Vorbereitung zum wahren Glanz und zur wirklichen Meisterschaft des Lebens ist.

Betrachten Sie sich als ein Lebens-Schüler, der immer wieder neue Prüfungen gestellt bekommt, wenn er bereit dazu ist, den nächsten Schritt auf das nächste KLASSEN -ZIEL macht. Bis hin zur Professur und weiter...

Jede Stufe ist ein Abschluss, doch jedem Abschluss folgt eine neue KLASSE. Jeder Abschluss wird belohnt, jeder Sieg kann und sollte gefeiert werden. Freuen Sie sich auf die nächste Abschlussfeier. Denn die werden immer besser und SIE werden immer besser. Dies ist wirklich ein Grund, glücklich zu sein, denn diese Schule hat kein Ende!!!

Finden Sie viele Gründe um glücklich zu sein. Immer mal wieder! Immer wenn Sie es möchten!

Na dann VIEL GLÜCK – weiterhin!

Kapitel 11:
Was wissen wir über unsere Gefühlswelten?

W ahres Wissen ist „Gewissheit", aber wie verhält sich die Sache mit den „Gefühlen"?

Sind Emotionen wissenschaftlich überprüfbar? Ja, wenn man die körperlichen Anzeichen beobachtet, wenn sich Gefühle ausdrücken. Daher auch Krankheiten der Haut z.B. „Aus-Schlag" oder das bekannte „rotwerden" wenn etwas peinlich war und ähnliches, Herzrasen, Herzflimmern, sind Anzeichen von vorausgehenden Emotionen, nicht umsonst ist unsere Gefühlswelt oft mit dem Herzen verbunden.

Jemand ist herzlos oder herzlich, je nachdem wie er/sie sich gefühlsmäßig benehmen.

Sehen wir uns dem Begriff Emotion einmal näher an.

Im Deutschen Wörterbuch steht: Gefühls-, Gemütsbewegung, Erregung, stammt aus dem Französischen –émotion- „Erregung, Rührung".

Das französische Wort gehört zu –émouvoir- „bewegen, erregen" das auf das Lateinische -emovere- „hinausbewegen, emporwühlen" zurückgeht.

Klingt alles ein bisschen wenig, fast unzureichend um unsere Gefühle auszudrücken.

Sind sie nicht DIE Ausdrucksform unserer Seele (was immer dies nun wieder ist), zumal sie die Hauptbeschäftigung unserer Psychologen und Psychiater sind, oder sein sollten. Psyche=Seele, so wird es uns jedenfalls verkauft.

Lieber Leser – es gibt noch Vieles, was Sie auch mal selbst untersuchen dürfen, alles möchte ich Ihnen nicht abnehmen. Aber bitte, werden Sie jetzt nicht gleich wieder so „emotional". Denken Sie an all die vielen schönen Dinge, die Sie selbst entdecken können, und sich dann auch selbst auf die Schulter klopfen können – oder in Ihr Buch schreiben können- ich werde es sicher mit Vergnügen lesen.

Danke

Zurück zum Thema: Wie wissenschaftlich können wir unsere Gefühle untersuchen, beobachten und vielleicht sogar steuern, kontrollieren und eventuell erschaffen?

Da gibt es eine große Menge an Übungen – Schauspieler lernen Emotionen zu „produzieren" und mal ehrlich, manchmal „schauspielern" wir alle doch ganz gerne?
Oder?

Es gibt Beispiele, da hatten sich Schauspieler dermaßen in eine Rolle hineinversetzt, dass sie am Ende diese „Rolle" oder dieser „Charakter" wurden.
Bela Lugosi, der die Rolle des Grafen Dracula allzu ernst nahm und sich immer mehr als dieser fühlte und benahm. Vielleicht kennen Sie ähnliche.
So können wir einerseits Gefühle beherrschen und kontrollieren. – Andererseits geschieht uns das Umgekehrte – manchmal mit fatalen Folgen....

Und was ist mit „la mour", L O V E , die Liebe?

Heute bis über beide Ohren heiß verliebt in ... wen oder was auch... und morgen?

Abgekühlt!

Manches Mal haben wir uns gewundert, wie schnell sich dies verändern kann.

Wo sind die Gefühle hin?

Da kennen wir uns selber nicht mehr, da fällt es uns sichtlich schwer uns selbst zu verstehen.

Da gibt es ein „Weites Feld" zu ergründen.

Ja – das ist oft wirklich SCHEIßE!

Nicht aufgeben, weitersuchen, beobachten Sie sich, ergründen Sie sich- das ist ein sehr gutes Fachgebiet für unsere Selbsterkenntnis.

WISSEN kann man nur durch beobachten erlangen, die eigene Erfahrung bringt den Erfolg. Daraus wird dann auch Gewissheit. Da können Sie sicher sein.

Gefühle können sich untersuchen, beobachten und auch kontrollieren lassen, da macht jedoch erst Übung den Meister und dann ist das Ganze ein Spiel – manchmal ein Schau-Spiel.

Untersuchen wir „Schau-Spiel" – ein Spiel, das sich zur Schau stellt, also sichtbar wird.

Was ist es denn im Ursprung? Eine Empfindung, die sich in beobachtbare Gedanken, Bilder weiterentwickelt. Die man dann mit Worten beschreiben kann und die man dann ausdrücken kann. Der Ausdruck ist die sichtbar gewordene Empfindung, das Gefühl oder die Emotion die auf der Oberfläche erscheint.

Das ist doch unsere unmittelbare Kraft der Schöpfung – eine Akt des Erschaffens.

Das ist unsere Schöpfungskraft.

Die Kreation zu der wir Menschen fähig sind, eine Fähigkeit die jeder Mensch besitzt und die mehr oder weniger bewusst ist. Jeder hat diese Fähigkeit und sie lässt sich erweitern. Durch trainieren, lernen, üben ständig erweitern und steigern.

Unsere Schöpfungskraft der Gedanken lässt sich über Vorstellungsübungen trainieren und möglicherweise unendlich steigern.

Solange ein geistiges Wesen sich seiner selbst bewusst ist, solange ist seine selbsterschaffende geistige Schöpfungskraft nutzbar.

Wenn man sich also Gedanken und Bilder vorstellen kann, sie erschaffen oder produzieren kann, kann man dies auch mit Gefühlen und Emotionen machen.

Also man stellt sich z.B. ein Auto vor. Zunächst nur ganz grob: Vier Räder, eine Karosserie drum rum, ein paar Sitze, einen Motor, Lenkrad u.s.w.

Dann feilt man die Einzelheiten heraus, wie es ein Designer macht. Bringt Form und Farbe und Funktion dazu, stellt sich dann vor wie es sich anfühlt, darin zu sitzen, verbindet das ganze mit Bewegung und stellt sich Umgebung, Geräusche, Licht, Wärme etc. dazu vor – merken Sie, wie sich nun auch Emotionen dazu entwickeln?

SIE sind der Schöpfer Ihrer geistigen Welt, Sie erschaffen diese Welt und alles darin enthaltene- erinnern sie sich noch an Ihre Kindheit? Mit wie wenig Dingen konnten Sie damals auskommen, ein alter Pappkarton reichte aus um ein Spiel zu erfinden.

In Ihrer Traumwelt konnten Sie ein Schloss, ein Auto oder eine Ritterburg aus beliebigen Zutaten erschaffen oder auch wieder zerstören. Und waren damit nicht auch Emotionen und Gefühle dabei? Die konnten Sie genauso mit erschaffen.

Das können Sie heute genauso, das ging in der Vergangenheit, das geht heute und wird in der Zukunft auch gehen – wenn Sie dies wünschen.

Bitte sehen Sie sich doch mal um, beobachten Sie Ihre unmittelbare Umgebung.

Die Dinge um Sie herum – der Stuhl (oder was auch immer es ist) auf dem Sie sitzen.

Das Haus, in dem Sie sich befinden, egal was, ein Bild, eine Lampe... sehen Sie sich um, dass alles war ursprünglich eine Gedanke, ein Traum, eine Vorstellung – irgend jemand hat es sich erdacht und in einen Plan oder auf ein Papier übertragen und Stück für Stück wurde es zu einer Wirklichkeit. Nahm feste Formen an und da ist es jetzt. Auch wenn es im Grunde alltäglich ist – ein Traum, viele Träume sind Wirklichkeit geworden.

Lernen Sie einfach wieder zu träumen – die Luftschlösser in Ihrer Vorstellungswelt können sich zu realen Dingen verwirklichen – und plötzlich wohnen Sie drin!

Der Große Meister spricht: „ Und bedenke, mein Sohn, wo immer du auch hingehst, da bist du dann!"

Da ist was wahres dran. Das ist das Schau-Spiel des Lebens.

Ein großes Theater. Eine Show die „never ends". Aber ein schönes und wahrscheinlich das schönste Spiel im Leben.

Kapitel 12:
Die Ziele des Lebens.

W as immer Sie auch vorhaben, was Sie sich von Herzen wünschen, was Sie erreichen oder verändern möchten. Alles ist im Grunde erreichbar, was immer man sich vorzustellen vermag. Manchmal befindet man sich einen Telefonanruf davon entfernt, manchmal braucht man ein ganzes Leben oder mehr. Jedoch ist immer ein Faktor damit verbunden, ob kurz oder lang.

Selbst der weiteste Weg beginnt mit dem ersten Schritt, wenn dann erstmal begonnen wurde, mit dem ersten Schritt, kommt das nächste Hindernis.

Wie groß ein Ziel auch scheinen mag oder wie ungewöhnlich, unglaublich es auch aussehen kann, der Faktor ZEIT spielt immer auch eine Rolle dabei.

ZEIT: Das altgermanische Substantiv: zit, gehört zu der indogermanischen Wurzel: dä i – teilen, zerschneiden, zerreißen, „das Verteilen". Zu derselben Wurzel gehört auch das altenglische „tima„ woraus das englische time entstand, auch das Wort tide (Gezeiten), wobei auf das Teilen der Meereszeiten hingewiesen wurde, gehört dazu.

Das griechische Wort „demo" (eigentlich „ Volksabteilung) ist damit verwandt. Auch das Wort Zeile „ abgeteilte

Reihe", und Ziel „ Eingeteiltes, Abgemessenes", ist aus derselben Wurzel entstanden.

So entsprechen sich ZEIT und Ziel in dem Sinne von „Das zum Ziel strebende, Eingeteilte und Abgemessene". Und erhält die Bedeutung: Zu einem räumlichen oder zeitlichen Endpunkt strebend.

Das Ziel ist der Endpunkt ohne den die ZEIT sinnlos und zufällig erscheint.

Wenn ein Ziel einen Zeitpunkt erhält ist Zeit der Faktor, der aus der Entscheidung heraus erfolgt. Zeit ohne Entscheidung ist unklar, erst die Entscheidung, das erkennbare und benannte Ziel klärt und organisiert die Zeit.

Das Vielleicht stoppt und behindert Zeit. Ein Vielleicht ist ZEIT im Schwebezustand, ist warten, verhindern und Nicht-Aktion. Erst die Entscheidung sorgt für Aktion.

Entscheidungen beinhalten immer Zeitgewinn. Vielleicht, eventuell, möglicherweise sind Zeit-Vertreiber, Zeit-Verteiler, das Ergebnis ist Zerstreuung und Auflösung. Hierbei wird Zeit vergeudet.

Alle Welt hat Zeitprobleme, zu wenig, zu knapp u.s.w., dabei sind wir eifrig bemüht uns die Zeit zu vertreiben. Besser wäre es unsere Zeit sinnvoll zu nutzen, indem man sich Ziele setzt und Entscheidungen fällt. Damit wir Aktion bekommen und klare Zeitbestimmung.

Zeit gewinnt man, indem man mehr Aktion in die zur Verfügung stehende Zeit hineinbringt: durch Entscheidungen. Zeit wird dadurch schneller und effektiver. Eine Stunde ist eine Stunde oder 60 Minuten, es ist entscheidend, wieviel Aktion wir in diese 60 Minuten bekommen. Man kann es mit einem Computer vergleichen, bei dem die Taktfrequenz in Hertz gemessen werden. Ein Computer mit 1000 Hertz vollbringt in einer Sekunde 1000 Arbeitsschritte, einer mit 100 Hertz nur 100. Erhöhen Sie also IHRE Taktfrequenz und Sie gewinnen Zeit.

Jedoch immer verbunden mit Entscheidungen und Zielsetzung, so daß wir „Getanes" und „Geschaffenes" bekommen oder anders ausgedrückt: PRODUKTE.

Produkte sind das Ergebnis und der Abschluss einer Aktion, Produkte sind brauchbare Endergebnisse, die man hergestellt hat um sie zu verwenden. Zum Einen für sich selbst und zum Anderen, um sie gegen andere brauchbare Produkte auszutauschen und damit zu handeln.

Dies kann man „Wirtschaft" oder „Ökonomie" (von. gr-lat. ökonom , Haushalter, Verwalter) nennen. Die Wirtschafts-Wissen-Schaft.

Dies ist auch eine Wissenschaft der Werte: Zum Beispiel, wieviel Kilo Gold sind 100 Glasperlen wert?

Thema: Bewertung & Beurteilung, oder wie beurteilt man eine Sache, ein Produkt oder eine Person richtig? In den oben genannten Begriffen verbergen sich zwei Worte, nämlich Urteil und Wert.

Der Betrachter möchte den Wert einschätzen können, der sich aus der Sache, dem Produkt oder der Person für ihn ergeben könnte und will dann darüber urteilen, ob es sich eventuell für ihn lohnen könnte.

Dies kann auf verschiedenen Wegen geschehen:

1. Man vertraut auf das Urteil Anderer, also geht man davon aus, daß jemand vorher diese Sache schon bereits getestet und beurteilt hat um sich eigene Anstrengungen zu sparen.

Dies sind Leute, die Tests, Zeugnisse, Presse oder Fernsehberichte studieren – doch dabei laufen sie Gefahr, dass das darüber erlangte Wissen aus „Zweiter Hand" kommt, eventuell nicht genau untersucht wurde, möglicherweise inzwischen veraltet ist oder sogar völlig erfunden wurde.

Solche Leute werden meistens sehr oft enttäuscht – was letztendlich dann doch wieder einen gewissen Wert hat, weil ja eine Ent-täuschung das „Ende" der Täuschung ist, und man nun die „EIGENE" Wirklichkeit kennt.

Denke man nur mal an „empfohlene Restaurants, Kinofilme oder Urlaubsorte etc"!!!

2. Man beobachtet es selbst, mit eigenen Augen und im Zeitpunkt der Gegenwart.

Untersuchen Sie es selbst, solange bis Sie alles darüber herausgefunden haben, was Sie wissen wollen, so ist es dann nicht nur eine Meinung dann werden Sie wirklich WISSEN.

Doch Vorsicht, Urteile, Bewertungen sind immer nur Zeitwerte. Menschen, Dinge, Geschmäcker, Meinungen, alles verändert sich ständig.

Wie bei einem Maßanzug, der kürzlich noch gepaßt hätte aber nach den Weihnachtsfeiern u.s.w., na Sie wissen schon! Es muß immer wieder neu Maß genommen werden, denn auch der Geschmack, die Mode was auch immer, könnte sich verändert haben. Auch die Verwendung von Worten und deren Gebrauch in verschiedenen Zusammenhängen ändern sich. Früher war das Wort „geil" unanständig, weil damit nur sexuelle Triebhaftigkeit gemeint war. Heute bedeutet es zunehmend „besonders gut", Toll, Klasse u.s.w.

Also beurteilen und bewerten Sie immer wieder neu, besonders wenn es sich um Personen handelt.

In verschiedenen Kulturen, Ländern und zu unterschiedlichen Zeitpunkten galten verschiedene Werturteile. Und, entweder man geht **mit** der Zeit, oder man **geht** mit der Zeit.

Betrachten wir nun ein ganz großes Wort mit einer schier endlosen Bedeutung.

DIE LIEBE.

Herkunft: Lieb, mhd (mittelhochdeutsch) liep, althochdeutsch, liob, Gotisch: liufs, englisch veraltet: lief, Schwedisch ljuv. Geht mit verwandten Wörtern in anderen Indogermanischen Sprachen auf eine Wurzel „leubh" zurück.

Die ursprünglichen Bedeutungen sind – freundlich sein, gern haben, belieben, gefällig sein. Auch das Wort Libido, Begierde, Geschlechtstrieb, aus dem lateinischen ist ein Artverwandter Begriff. Aus dem germanischen Sprachbereich gehören zu dieser Wurzel ferner die Sippen von „loben" und „erlauben" sowie auch "glauben" eigentlich „für lieb halten, gutheißen."

Das scheint nicht sehr weit weg von LEBEN zu sein.

Dies sind nur einige der möglichen Varianten.

Was ist das nun wirklich?

Was wurde und wird nicht alles in dieses eine Wort hineininterpretiert. Wenn sich die Liebe wehren könnte, gegen den unendlichen Mißbrauch, der mit ihr im Laufe der Zeit, seit dem Moment als es der erste Mensch erfunden hat, getrieben wurde.

Es gäbe den wohl längsten Gerichtsprozess aller Zeiten.

Kein Wort, daß nicht auch in Verbindung mit Liebe genannt wurde. Die Liebe und der Tod. Haß und Liebe. Geld oder Liebe?

Liebe scheint mehr Gewicht zu haben als das Leben selbst. Sie ist eine eigene Person, ein Gegenstand, ein Allheilmittel und eine gar teuflische Antriebskraft, die Leidenschaft, die Leiden schafft.

Liebe kann man fühlen, sehen, beschwören und ersehnen. Sie ist käuflich und doch kann man sie umsonst haben, manchmal ist sie auch umsonst oder vergeblich, die Liebes-Müh!

Was kann einem alles passieren mit und ohne Liebe, das Herz kann einem „überlaufen" oder es fängt an zu rasen, man bekommt einen rosaroten Blick oder wird gar blind vor Liebe. Liebe ist gefährlich, Liebe macht süchtig und am Ende liebt man doch nur sich selbst?

Einer meiner Lieblings- Trinksprüche: „Auf das, was wir lieben, auf Uns!" Prost!

Nichts ist stärker und nichts kann uns so schwächen wie die Liebe – oder?

Andere Frage: Lieben Sie sich selbst? Nun, jetzt sind Sie schon eine ziemliche Weile mit diesem Menschen, den Sie als ICH kennen, zusammen, wahrscheinlich schon länger als mit irgend einem Anderen? Wenn Sie also nicht immer von den Anderen geliebt werden, so sollten Sie sich zumindest den Gefallen tun und SICH selbst ein wenig mögen.

Und es wäre vielleicht von Vorteil, wenn dies nicht nur „ein Wenig" mögen wäre, sondern soviel Sie überhaupt in der Lage sind – LIEBEN. Das setzt voraus, daß Sie sich selbst auch sehr gut kennen, oder? Ansonsten sollten Sie sich mal kennenlernen!

Nicht nur das Negative, die „Scheiße" und so ... sondern auch die schönen, wahren und guten Seiten. Ihre Fähigkeiten, Ihre Stärken, alles was Sie können, wissen und schon großartiges vollbracht haben – loben Sie sich doch mal dafür!

Sehen Sie sich doch mal ganz genau an, zuerst mal äußerlich: Was gefällt Ihnen an sich? Was mögen Sie an sich? Was ist besonders an Ihnen? Worauf können Sie stolz sein? (Da findet sich immer etwas, wenn man mal genau hinsieht) Dann das Innere: Was haben Sie bisher schon geleistet? Was haben Sie erreicht, gelernt, erfahren? Am Besten Sie machen mal eine komplette Bestandsaufnahme, sozusagen eine Lebensbilanz als ICH. Gehen Sie auf Entdeckungsreise, durchleuchten Sie sich selbst, Ihr Leben, auch Ihre Beziehungen zu anderen, zu Ihrem Beruf, Ihren Hobbys, Ihren Unternehmungen und so weiter.

Und dann ... beleuchten Sie Ihre Träume, – Ihre Ziele, und Wünsche, denn die gehören auch zu IHNEN.

Betrachten Sie sich mal von außen als ein Künstler, der sich selbst als Gesamtkunstwerk erschafft. Das ist, was jeder von sich und aus sich machen kann. Sehen Sie, dies alles geschieht auch mit WORTEN. Und je mehr Sie selbst sich „BE-SCHREIBEN" umso UN-BESCHEIBLICHER werden Sie!!!

Das ist doch paradox – oder? Man sagt, SIE ist unbeschreiblich schön, und beginnt dann im selben Augenblick, SIE zu beschreiben. Und wenn Sie wirklich keine Worte finden – schauen Sie im Wörterbuch nach! In den Wörterbüchern der Synonyme z.B.. Lesen Sie Bücher von den großen Dichtern, Poeten und Lyrikern, und wenn Sie dann immer noch keine Worte gefunden haben – so ER-FINDEN Sie eben neue.

Denn: „Der Er-Finder findet was er Er-Schafft, wenn er sucht".

Machen Sie sich auf den Weg, beginnen Sie Ihre Reise, gehen Sie auf Ent-Deckungs-Reise, Ihre Expedition, durch die Welt der Worte hier und jetzt.

Lösen Sie die letzten Rätsel des Lebens und des Universums, entdecken Sie neue Universen, fremde Welten oder einfach die Schönheit der Mistkäfer in Nachbars Garten. Erkunden Sie fremde Sterne oder den Popel in Ihrer Nase.

Völlig Wurscht, was auch immer, eines möchte ich aber nun wirklich selbst ergründen: Wie kommen die Löcher in den Käse?

Ich mach mich schon mal auf den Weg in die nächste Käserei ... tschüss bis bald.

Kapitel 13
Die Kläranlage

Sie werden nun immer mehr geübter und es finden sich immer leichter Antworten oder Wege, wie man zu Antworten kommen kann.

So werden Sie selbst Ihre eigene KLÄRANLAGE und so macht man Scheiße brauchbar.

Scheiße ist Abfall, aus einer Menge an Eindrücken und Vereinnahmtem, etwas, das zunächst nicht brauchbar erscheint. Aber letztendlich, wenn man es genau betrachtet... könnte man doch noch etwas Brauchbares daran finden.

Fragen Sie mal Mediziner oder Biologen, was die alles aus Ihrer Scheiße lesen können. In der Kläranlage, was machen die mit all der Scheiße?

Sie nehmen sie auseinander, zersetzen sie in ihre Bestandteile und machen sie wieder verwendbar, z.B. als Dünger und darauf wachsen dann wieder die schönsten Kartoffeln... Selbst das Unbrauchbare wird wieder dadurch brauchbar, indem es beseitigt werden muß und somit Arbeitsplätze entstehen, wovon Leute leben können und somit sogar ihren Lebensunterhalt mit Scheiße verdienen.

Mit Abfall und Müll werden Millionen verdient. Auf dem Wagen einer Reinigungsfirma las ich einmal: „Wir freuen uns über jeden Dreck!" Und das sollten Sie jetzt auch.

Es gibt tatsächlich eine Menge Leute, die mit der Scheiße anderer Leute viel Geld verdienen. Nicht nur mit Toilettenartikeln. Ich bin auch ein großer Fan von Harald Schmidt.

Was benötigen Sie dazu?

1. Ein gutes Deutsches Wörterbuch
2. Ein Fremdwörterbuch
3. Ein Herkunftswörterbuch
4. Ein Lateinwörterbuch
5. Ein Wörterbuch für Synonyme und
6. Wörterbücher verschiedener Sprachen um Verbindungen nachzuschauen und die Bedeutungen der Worte auch in anderen Sprachen zu entdecken.

Damit können Sie schon mal beginnen die Worte „aufzuschließen".

Selbst Goethe sagte: "Ein geistreich aufgeschlossenes Wort wirkt auf die Ewigkeit!"

Aufschließen – etwas abstrahieren, heraussondern Lat.: ab-strahere. Eine philosophische Methode aus dem 16. Jahrhundert, wie man aus dem Einfachen das Besondere herausfiltert.

So habe ich es jetzt gemacht: Scheiße, Mist, Excremente – Ausscheidung, verwandelt sich in Trennen und Scheiden, aber auch in ent-scheiden. Sich mit etwas auseinandersetzen, verdauen, verarbeiten und lösen, auflösen und auch erkennen.

Die Kunst liegt in der Symbolik von etwas. Es sagt uns was dahinter steckt. Oder um mit Helmut Kohl zu sprechen: „Entscheidend ist, was hinten raus kommt."

Es ist doch erstaunlich, daß bei manchen Menschen oben mehr Scheiße herauskommt als unten. Darauf gilt es zu achten, wenn wir das Leben untersuchen möchten – auf den „gesprochenen Mist" auf die Worte, die wir „zu uns" nehmen und die wieder ausgeschieden werden. Ein interessierter Leser „frisst" sich durch eine Story wie eine Maus durch den Käse, kein Wunder, wenn es da auch mal Verdauungsprobleme gibt.

Wir machen das ja den ganzen Tag, egal um was es sich dabei handelt. Wir betrachten etwas, nehmen es auf, machen uns ein Bild von etwas (Wie in der Fotografie). Jetzt jedoch multidimensional, in allen Farben, mit allen Wahrnehmungen und Eindrücken. Wir bewerten und analysieren, verarbeiten, sortieren und ordnen es ein. Wir nehmen etwas auf oder zu uns und wir geben auch wieder etwas von uns. Es sind alles Eindrücke und Erfahrungen die wiederum einen Ausdruck verlangen. Es scheint so, als ob dies der Rhythmus des Lebens ist. Ein- und Ausatmen, Leben und Tod, das Eine kann ohne das Andere nicht sein.

Unser innerstes Denken und Empfinden drückt sich im Äußeren wieder aus. Wenn wir etwas beschissen finden, sagt es uns unser Körper, auch wenn wir vor etwas Schiß haben. Wir haben Durchfall, wenn wir etwas nicht verdauen können. Oder wir haben die Hose voll. Wir sitzen in der Scheiße, und fühlen uns beschissen. Leute haben tatsächlich Verdauungsprobleme, wenn sie sich vor Entscheidungen drücken wollen oder sich großen Problemen gegenüber sehen.

Manches liegt uns schwer im Magen, wir wollen dann die Dinge hinter uns lassen.

Überhaupt ist es sehr interessant, sich einmal auf diesem Wege mit unserer Gefühlswelt zu beschäftigen. Seit alters her gilt das HERZ als der Sitz der Empfindungen, man nimmt sich was zu Herzen, ist herzlich oder sogar herzlos.

Wie kam man aber auf diese Wortverbindung?
Das Wort kommt aus dem Indogermanischen Wortstamm -kerd- und ist verwandt mit dem griechischen -kardia- und dem Lateinischen -cor- und dem gotischen -haitro-.
Schon damals bezeichnete man es als das Innere, als Sitz der Seele. Also unsere inneren Beweggründe. Denn auch unser körperliches Herz ist es ja, das uns aus dem Inneren her bewegt. Es sitzt in unserer Brust (Lat.: pectus).
Und nun nehmen wir wieder die Sprache unseres Körper, als Ausdruck unser seelischen Empfindungen. Sie erinnern sich: Angst = -angustus-, die Enge verwandelt sich in – angina-pectoris, die Enge in unserer Brust, die Angst

die uns einengt, die in unserer Brust sitzt, wird körperlich zur Herzkranzverengung.

So kann man unendlich weitermachen und eine Reise in unsere innere Welt wird zu einer Entdeckung unseres eigenen Selbst.

CICERO, Marcus Tullius (106 v. Chr – 43 v. Chr.), römischer Gelehrter, der den Römern damals das Gedankengut der Griechischen Philosophie beibrachte, sagte:
„Ista veritas, etiam si iucunda non est, mihi tamen grata est".
„Mag auch die Wahrheit nicht angenehm sein, hören möchte ich sie doch".

Hierin steckt die große Chance – in dem wir uns mit der Scheiße auseinandersetzen – , unser Inneres mit dem Äußeren vergleichen. Indem wir Rückschlüsse daraus gewinnen, anstatt davonzulaufen, können wir es in etwas Brauchbares umwandeln.

Es ist tatsächlich ein großer Spaß wenn man einmal erkennt, daß man sein ganzes Leben nur vor „WORTEN" davongelaufen ist.

Da gibt es dann noch ein Zauberwort, daß in unserer Zeit leider etwas in Vergessenheit geraten scheint. HUMOR genannt. Laut Duden, Herkunftswörterbuch: „ Gabe eines Menschen, den Schwierigkeiten und Mißgeschicken (Anm. des Autors: Was immer das auch sei) des Alltags mit heiterer Gelassenheit zu begegnen". Humor, Lat. humorem – englisch: humor, the amusing quality of things, to see or to tell about the amusing side of things. Kurz, die amüsante Sicht der Dinge des Lebens.

Wie weit Sie von der „Heiteren Gelassenheit" im und über das Leben entfernt sind, ist einzig und allein Ihre Entscheidung. Aber dies können Sie mir wirklich glauben, es macht das Leben erst wirklich lebenswert.

Mit dieser inneren Gelassenheit ist es leichter, etwas zu tun, tun aber muß man es immer noch. Und zwar selbst.

Wenn Ihnen dann etwas aus Ihrem Leben klarer geworden ist werden Sie sich bedeutend wohler fühlen. Das Ungewisse, Unbewußte wird bewußt gemacht. Gewissheit ist die einzige wirkliche Sicherheit die man haben kann.

Letztendlich ist Wissen nur wirkliches Wissen, wenn es gewiß ist, also wenn es keinen weiteren Zweifel mehr darüber gibt. Dabei ist „Wissen" kein Zustand sondern eine Aktion. Es unterliegt dauernder Veränderung. Es ist wie ein Raum, der sich ausdehnt.
Weisheit, lat.: sapientia, heißt auch Einsicht, Klugheit, Verstand und Philosophie.

Tatsächlich ergibt doch erweitertes Wissen mehr Spielraum. Wir haben durch mehr Wissen doch auch mehr Möglichkeiten und können so mit den Dingen um uns herum und auch mit uns selbst mehr anfangen.

Echtes Wissen ist beweisbar, es ist logisch nachvollziehbar und kann von jedermann als Tatsache nachgewiesen werden. Quod erat demonstrandum- Lat.: Was zu beweisen war.

Nun, beweisbare Wahrheit ist jedoch nur in Teilbereichen zu erreichen, selbst den sogenannten exakten Wissenschaften geht es nicht darum, die ganze Wahrheit zu beweisen, sondern nur eine abgegrenzte, in eigenen Maßstäben beobachtete Wahrheit in der etwas funktioniert. Jedoch sind diese Teilwahrheiten immer noch besser als reine Theorie und Vermutung.

Glauben ist Vermuten, Erhoffen, Erwünschen oder Meinen.

Was ist denn sinnvoll am Glauben? Welchen vernünftigen Grund gibt es denn, etwas zu „glauben"? Wie nahe ist man beim Glauben am Betrug, an der Lüge? Wie oft schon haben wir uns und hat man uns schon mit dem Glauben getäuscht?

Das Sprichwort sagt es deutlich: „Glauben heißt nicht Wissen!"

Wenn man diesen Unterschied erkennen würde und überall auf der Welt bekannt machen würde, so daß diese beiden Begriffe nicht mehr verwechselt werden.

...Gäbe es wahrscheinlich keinen Krieg mehr.

Möglicherweise gäbe es noch Menschen, die gerne Kriege anzetteln würden, aber es würde sich kaum jemand finden, der sich ungeprüft dafür einsetzen lassen würde. Denn unter aufgeweckten Kerlen käme doch als Erstes die Frage: Warum? Wofür, wozu etc. Erst wollen wir mal wirklich wissen was hier los ist... Schauen wir uns die Sache und alle dazugehörigen Hintergründe genau an...

Aus solchen Leuten lässt sich keine Armee bilden.

Die Argumente: „Für Vaterland und Führer etc." würden dann nicht ziehen.

WISSEN ist keine gute Unterlage für Kriegstreiber. Man würde eher versuchen die Feinde (wenn es dann wirklich welche gäbe, die wären ja dann auch „wissend") zur Zusammenarbeit zu bewegen, und es würde eher ein Spiel daraus werden.

Krieg, damit sind nicht nur die Kriege zwischen den Völkern, Ländern oder Nationen gemeint, nein auch unsere Kriege mit unseren Mitmenschen, den Nachbarn und der Familie. Auch unsere inneren Kriege, die mit uns selbst.

Die Zweifel und die Sorgen, die Streitigkeiten und Ablehnungen in uns. Die Probleme, bei denen Absichten und Ziele gegeneinander stehen.

Was ist das, wogegen wir kämpfen, wogegen wir uns auflehnen, was wir verändern möchten, was wir nicht an uns mögen?

Es ist das Unbekannte, die andere Seite, das nicht Verstandene – wie leicht könnten wir dies aufheben uns davon lösen – wenn wir die Lösung nur mit festem Willen wirklich suchen würden. Der innere und äußere Ausgleich, errungen durch Verstehen, durch unablässiges suchen, hinterfragen, beobachten und erkennen.

Was tun Sie sich an? Ob Länder, Nationen, Menschen oder Sie selbst, wenn sie Krieg führen? Sie zerstören sich, anstatt sich zu helfen.

Kein Mensch kann im Leben dauerhaft erfolgreich sein, wenn er nicht mit sich selbst einen inneren Frieden geschlossen hat.

Nur wer sich selbst lieben kann, kann auch sein Leben lieben.

Ihre Ziele, Ihre Absichten, Ihre Wünsche und Träume. Erkennen und wahrnehmen und dann Leben.

Erst, wenn Klarheit herrscht, wenn man mit sich selbst „IM REINEN" ist, aufgeräumte hat, sich geordnet und sauber gemacht hat. Erst dann hat man die Kraft und die Energie um nach Außen zu gehen.

Überprüfen, was wir tun, denken und sagen – nicht vermuten oder glauben. Sondern mit Gewissheit wissen.

Überlegen Sie mal, ein Ingenieur würde sagen „ Ich glaube die Brücke hält, wenn ein Auto darüber fährt„.

„Ich glaube die Bremse funktioniert auch bei Tempo 200„ „Ich glaube, der Scheck ist gedeckt!" „Ich glaube, es ist ein fairer Preis!" Wir glauben und glauben und glauben – und es kommt oft doch anders!

Wie waren doch seine letzten Worte „Ich glaube, die Zündschnur ist lang genug"... Jeder kann glauben, was er will, nur soll er nicht sagen „Ich weiß" wenn er nur glaubt zu wissen.

Helmut Schmidt unser ehemaliger Bundeskanzler schreibt in seinem Buch – Auf der Suche nach der öffentlichen Moral – „ Jedermann hat das Grundrecht an Gott zu glauben oder ihn zu leugnen. Er hat aber auch ein Grundrecht auf Egoismus".

Ich weiß, daß ich hiermit vielen „Religionsmanagern" und „Glaubensverkäufern" ein wenig auf die Füße trete, aber können Sie sich vorstellen, daß Gott der Allmächtige, der universale Schöpfer des Universums und aller Dinge darin, etwas erschaffen hat, das unvollkommen ist? Es ist in der Tat blasphemisch (Gotteslästerlich) zu verbreiten, das ER einen solchen Fehler gemacht haben soll, als Krönung seiner Schöpfung solch dumme Menschen erschaffen zu haben!

Es ist daher durchaus vorstellbar, daß ER den Menschen mit einem freien Willen ausgestattet hat und somit aus dem Schneider ist, wenn diese sich entscheiden, dumm bleiben zu wollen.

Warum aber halten manche ihn dann für genauso dumm, daß er dann hinterher wieder in das so erschaffene Schicksal eingreifen würde, um diese Menschen dafür zu bestrafen?

... und der Herr bestrafte sie ... u.s.w.

Schicksal, dieser erst im 16. Jahrhundert aus dem niederländischen „schiksel" übernommene Begriff, für den es auch schon früher einen anderen Begriff im lateinischen gab. Dort hieß es: fatum est (im englischen „fate") in etwa in der Bedeutung „Göttlicher Wille, Gottesfügung", dort aber mehr mit der negativen Betrachtung von Unheil, Verderben und Untergang verbunden wurde.

Das in jedem Falle jedoch mehr oder weniger unabweichlich und unbeeinflussbar zu sein scheint, in das wir uns zu fügen haben – doch auch der Begriff „Fügung" kann auch im Positiven betrachtet werden. Also es bleibt weiterhin ein sehr geheimisvolles Etwas, dieses Schicksal. Es macht uns doch eher Angst als dass es uns beruhigt – nun, was Angst im allgemeinen bedeutet, wissen wir ja bereits.

Also warum haben wir denn Angst, vor der Strafe Gottes?

Das gibt es nicht! Die Strafe Gottes ist unsere Strafe! Es ist niemand da, außer uns selbst, der uns für irgendetwas bestrafen würde!

Warum glauben manche Menschen tatsächlich daran, dass Gott sie für ihre Sünden bestrafen oder für ihre guten Taten belohnen würde?

Da aber „Glauben" nicht Wissen ist, also Dummheit, wird ER wohl kaum erwarten, das die Menschen einfach nur an IHN „glauben" sollen. Vielmehr hat er den Menschen mit einem Verstand und einem logischen Urteilsvermögen ausgestattet um IHN und SEINEN Willen, über das Verstehen „seiner Schöpfung", zu erkennen.

Dazu erfordert es aber ein Erforschen, Hinterfragen und Untersuchen. Ein dauerndes Lernen und Studieren des Lebens und des Universums.

Jedoch muß man erst einmal damit beginnen etwas zu vermuten, erhoffen, erwarten annehmen u.s.w., dabei darf es aber nicht bleiben.

Vermuten, erwarten, hoffen, glauben – ja, aber nur, wenn man es als Unterstützung, als Motivation und Antriebskraft benutzt um etwas zu tun. Es selbst in die richtige Richtung zu bewegen. Vertrauen in sich selbst, es zu schaffen und dann alles in Bewegung setzen, daß es vorangeht. Das ist was uns vorwärts bringt.

So kommt man am Ende zu der Erkenntnis, es als Pflicht anzusehen, zu „Wissen" zu kommen und damit aufzuhören zu „Glauben".

Auch, wenn es unbequem ist und einige Religions-Verkäufer weniger Umsatz machen würden.

Bitte, erweisen Sie sich selbst einen großen Dienst:

Bitte hören Sie auf, diese beiden Begriffe Glauben und Wissen, zu verwechseln.

Sie werden bedeutend glücklicher.

Dazu Thomas von Aquin (Italienischer Theologe und Philosoph, 1225-1274) Ultrum stultitia sit peccatum – Ob Dummheit Sünde ist?.

Schauen wir uns mal den Begriff Dummheit etwas näher an. Darüber haben sich schon viele „kluge Gedanken gemacht". Dummheit ist wesentlich mehr als nur Ignoranz oder Unwissenheit obwohl es das im Eigentlichen ist. Dummheit: Lat. stupor / von stupid, auch stumpf, starr unwillig, störrisch.

Esther Vilar erweitert den Begriff Dummheit in ihrem Buch: Der betörende Glanz der Dummheit, zu Gefühlskälte, Taktlosigkeit, Rücksichtslosigkeit, Intoleranz, und Unsensibilität. Somit ist Wissen und Intelligenz nicht allein die Fähigkeit, besonders geschickt mit Daten und Zahlen umzugehen, oder der von Thurstone 1938 beschriebenen „Pimärfähigkeiten": Sprachliches Verständnis, Assoziazionsflüssigkeit, Rechengewandtheit, Räumliches Denken, Gedächtnis und Auffassungsgeschwindigkeit, sondern es kommt eine gefühlsmäßige, ethisch moralische Qualität hinzu.

Intelligenz ist auch die Fähigkeit, Gut und Böse zu definieren und richtiges von falschem Verhalten zu trennen. Wobei es jedoch keine absoluten Werte geben kann.

Alles kann nur als Relation erfahren werden, alles ist mehr oder weniger richtig oder falsch, gut oder böse. Es ist ein Produkt der Betrachtung. So ist auch Wissen immer ein zweiseitiger Wert. Absolutes Wissen würde die Unwissenheit auflösen und als Ergebnis währe NICHTS mehr vorhanden. Dies ist der weiteste Weg der begangen werden kann. Andersherum wäre absolute Unwissenheit genauso das andere Ende.

Das ist die „UNENDLICHE GESCHICHTE", Alles beginnt mit NULL und endet im NICHTS. Deshalb ist der Begriff WISSENSCHAFT das, was Wissen schafft. Deshalb muss Wissen immerfort weiter erschaffen werden. Jede neue Erkenntnis verändert die alte Annahme. So entsteht ZEIT. Es gibt das Vergangene, das Gegenwärtige und das Zukünftige.

Vergangenheit erschafft Gegenwart und Gegenwart erschafft Zukunft, es ist eine Erschaffung auf Gegenseitigkeit.

Der Gesetzgeber erfindet ein Gesetz, zum Beispiel, daß man sich nur innerhalb einer festgelegten Grenze zu bewegen hat – geht man darüber hinaus, wird man als Republik-Flüchtling verhaftet und eingesperrt, dadurch wird wieder ein neues Gesetz und ein neuer Bewegungsspielraum geschaffen – gleichzeitig wird der Polizist und Grenzwächter erschaffen und der Gefängniswärter, der Richter und manchmal auch der Anwalt. Ein Kind erschafft seine Mutter, denn vor dem Kind war die Frau nur Frau, erst mit dem Kind ist sie eine Mutter. Ein Schriftsteller erschafft mit seinem Buch auch erst den Leser (Vielen Dank, dass Sie sich von mir erschaffen ließen). Oder haben Sie mich gar erschaffen? Dann danke ich Ihnen ebenso.

Und das Buch hier? Das haben Sie dann wohl auch noch erschaffen – ein schönes Buch, ich lese es jeden Tag und freue mich darüber, weil ich immer wieder was neues entdecke. Auch ein Vorteil von „Alzheimer". Der Schüler erschafft den Lehrer und umgekehrt. Der Mensch erschuf den Teufel und die Sünde, nur GOTT erschuf sich selbst. Machen wir's Ihm nach!

Ich könnte mir vorstellen, das Sie IHRE „Scheiße" lieben lernen werden, wenn Sie jetzt erkennen, daß SIE das ja selbst „Ausgeschieden" haben. Sie haben ja auch entschieden, daß es so ist, wie es ist und können sich jederzeit neu darüber entscheiden.

Machen Sie dies mit Allem, was Ihnen im Leben stinkt, was Ihnen Probleme bereitet, oder worüber Sie mehr wissen möchten. Finden Sie auch heraus, was dabei direkt mit Ihnen zu tun hat.

Wenn Sie dazu Hilfe brauchen, können Sie mir gerne schreiben.

„ In Gottes Acker ist von Nutzen auch der Mist„ (Indische Weisheit!)

Interessant ist es auch, einmal das genau zu untersuchen, was Sie gerade tun, also zum Beispiel Wissensbereiche und Worte aus Ihrem Beruf.

Ich habe einmal einen Chemie- Studenten gefragt, was denn eigentlich das Wort „Chemie„ bedeutet? Er stutzte und bekam einen roten Kopf. Ich glaube, er hat es später herausgefunden und ist ins Kloster gegangen.

Ich verrate Ihnen noch zusätzlich einige kleine Tips:

Bewerten Sie Ihr Wissen oder Ihre Sorgen und Bedenken in: Dinge die Sie nicht ändern können oder wollen, Dinge die Sie im Moment nicht ändern können, Dinge die dringend der Änderung bedürfen, Dinge die unwichtig für Sie sind etc. Verschwenden Sie nicht unnötige Zeit setzen Sie Prioritäten – ich weiß, wenn man mal damit anfängt, wird das Leben plötzlich unheimlich interessant. Aber das Universum ist tatsächlich recht groß und Sie sollten lieber erst sich selbst ergründen, bevor Sie sich daran machen die Paarungsgewohnheiten der Marsbewohner zu ergründen.

Jetzt wird es ganz verrückt – Sie werden Dinge entdecken – die Sie vorher nie genau betrachtet haben und Sie werden sich selbst verstehen lernen . Ja, sie beginnen SINN in Ihr Leben zu bringen, denn das Leben an sich hat keinen eigenen Sinn außer dem, den Sie bereits in sich haben. Sie können ihn sich selbst er-sinnen.

Es ist schon was Wahres dran an dem Spruch „ Wenn jeder nur an sich selbst denkt, so ist am Ende an Alle gedacht.„

So werden Sie nach und nach auch Andere verstehen lernen und so verstehen wir uns dann auch! Und wenn Sie mir eine Erkenntnis gerne mitteilen möchten so können Sie mir dies jederzeit schreiben. Sie könnten mir damit sogar einen großen Gefallen tun und mir dadurch ersparen, manches selbst entdecken zu müssen.

Oder gründen Sie einen „ Scheiß-Verein" – Da können Sie dann auch die Erkenntnisse von Anderen mit erleben –

Setzen Sie sich in einem Kreis zusammen und lassen eine Liste herumgehen, in die jeder zwei oder drei Wörter schreibt und dann werden einige ausgewählt und darüber diskutiert. Es lassen sich auch daraus einige interessante Erkenntnisse gewinnen, z.B. auch solche, die man dann nicht erst selbst erleben muß um daraus zu lernen.

Aber tun Sie dies erst, wenn Sie aus Ihrer eigenen Scheiße genügend Erkenntnisse gewonnen haben die Sie dann mitteilen können.

Meistens ist es doch heute so, daß die Leute ihre Sorgen-Nöte und Missverständnisse miteinander teilen, damit sie Andere finden können die ihnen zustimmen, daß das Leben sowieso Scheiße ist und man dran nichts ändern könne.

Sie jedoch können jetzt etwas tun , Sie habe jetzt gelernt wie man mit SEINER Scheiße umgehen kann und können etwas daran ändern.

Haben Sie gemerkt, wie ich die einzelnen Bereiche unseres Lebens, die ja nun, wie Sie richtig erkannt haben, wirklich Scheiße im wahrsten Sinne des Wortes sind, auseinandergepflückt habe? So können Sie das auch.

Ein lateinisches Sprichwort sagt: „ viva vox docet" – das lebendige Wort lehrt.

Es ist ein Spiel. Wenn auch ein Scheiß-Spiel! Aber es kann Spaß machen.

Wenn Sie sich über irgend Etwas nicht wirklich sicher sind, eine Aussage, eine Meinung, einen Kommentar, eine Kritik – so ist es ja nur eine Meinung und jeder hat das Recht auf seine Meinung und er kann Recht haben oder sich auch irren. Sie werden jetzt wahrscheinlich etwas anders darüber denken, wenn Ihnen mal jemand SEINE Meinung sagt.

Interessant ist auch zu hinterfragen, welche Absicht jemand hat, wenn er etwas kritisiert. Wie kam er denn zu seiner Meinung? Es könnte Neid oder Mißgunst dahinter stecken oder aber Angst davor, das Dinge herauskommen, die nicht entdeckt werden sollten.

Es könnte aber auch nur einfach selbst ein Mißverständnis sein... verbunden mit einem schönen Gruß an alle Kritiker!

Meinen ist nichts anderes als „wähnen" also wünschen, annehmen, vermuten und glauben, was hat das aber mit Tatsache, Wissen oder gar Gewißheit zu tun?

Aber auch Sie haben das Recht auf Ihre EIGENE Meinung und die können sie sich selbst bilden, es stehen Ihnen alle Wege dazu offen. Nicht nur die BILD-Zeitung.

Apropo Bild-Zeitung, ich habe eine ganze Reihe Meinungsumfragen in der Bevölkerung durchgeführt. Sehr oft habe ich gehört, daß viele Leute sich über bestimmte Themen in der Presse und im Fernsehen informieren und sich so eine „eigene" Meinung bilden. Aber ist das dann wirklich ihre eigene Meinung oder wurde sie nicht vielmehr von den Medien vorgegeben und dann einfach ungeprüft übernommen?

Wirkliches Wissen ist weit mehr als nur das Übernehmen einer vorgegebenen Meinung. Es ist erst dann wirkliches Wissen, wenn Sie es selbst überprüft haben und es in allen Bereichen durchleuchtet und durchdrungen haben, so daß es zu Ihrem Wissen und zu wahrer Gewissheit geworden ist.

Bhagwahn Shree Rajneesh, der bekannte Guru hat einmal dazu gesagt: „ Man muß den ganzen Apfel essen". Ihn in sich aufnehmen, absorbieren, aufsaugen, gänzlich beanspruchen, um sein wahres Wesen zu verstehen. Dann erst wird es zu Ihrem Wissen. Und so sollten wir mit all unserem Wissen verfahren.

Aber bitte fangen Sie nun nicht an, dieses Buch zu essen, es genügt es zu lesen.

Da es ja auch „geistige" Nahrung gibt.

Die eigene Beobachtung sollte vor jeglicher Meinungsbildung voraus gehen.

Manchmal kommen Sie dabei an einen Punkt – wo Sie „meinen", darüber könne man nichts wissen, vielleicht hat darüber auch bisher niemand etwas gewußt. Dies bleibt jedoch nur solange, bis jemand (und warum nicht gerade Sie?) damit beginnt, mehr davon zu entdecken.

Beginnen Sie jetzt sich immer mehr „Die Welt und das Leben zu Er-klären."

Zunächst erscheint Einem alles als ein riesiges Chaos. (und selbst darüber gibt es ein eigenes Wissensgebiet, das der Chaos-Forschung) Dabei ist es einfach nur die Reihenfolge. Am Anfang scheint alles ein unübersichtliches unerklärbares Etwas zu sein – eben ein Chaos.

Der römische Elegiker (Elegie: schwermütige und wehmütige Dichtkunst) Publius Oviius Naso, auch bekannt unter dem Namen Ovid, nannte das Chaos: „die in unermeßlicher Finsternis liegende, gestaltlose Urmasse".

Also ein Gebiet, vor dem jedermann sofort in Angst und Schrecken davonlaufen möchte, anstatt es zu erforschen.

Doch diese Verwirrung und das Unübersichtliche, Unerklärliche oder auch Geheime beginnt sich in dem Moment, wenn man es sich vornimmt, untersucht und studiert immer mehr in eine erklärbare Ordnung zu verwandeln oder die bereits vorhandene Ordnung zu entdecken.

Hierin steckt eine ganz bestimmte Logik (von gr. Logos = Denken) heute eher als folgerichtiges Denken gebräuchlich. Wir kennen inzwischen den Begriff: Positives Denken. Also ein Denken, daß eine Erwartungshaltung oder Betrachtung eines Zustandes positiver Ereignisse und Umstände verursacht. Dabei ist es nicht der Vorgang des Denkens an sich, sondern die WORTE, mit denen wir denken in Zusammenhang mit deren Bedeutung, Vorstellungen und Bildern.

Aber ist es auch ein, auf folgerichtigem, logischem Aufbau basierendes positives Denken?

Ich gehe davon aus, dass nichts, was einem im Leben passiert, sinnlos oder unsinnig ist. Alles hat einen Grund und eine Ursache, warum es so ist. Und jeder kann dies so betrachten. Hierbei untersuchen wir einfach alles was wir erfahren und erleben, alles was uns widerfährt, geschieht und in unser Leben tritt, auf seinen Sinn und seine Brauchbarkeit. Wozu könnte es gut sein? Wozu könnte man es verwenden, was lernen wir daraus? Egal, ob es offensichtlich oder unbeabsichtigt, ob wir es gewollt hatten oder es uns zunächst zufällig geschehen ist. Auch wenn uns dies manch mal erst zu einem späteren Zeitpunkt als nutzbar erscheint. Wir können es immer irgendwie einordnen, sortieren, bewerten und schaffen so eine Ordnung in unserem Leben.

Eine kleine Geschichte:

Jemand geht sehr eilig eine Straße entlang, sucht verzweifelt nach einer Bushaltestelle oder einer Telfonzelle, da er sich jedoch auf dem Lande befindet, ist keines der gesuchten Dinge weit und breit. Da sieht er ein offenes Auto, bei dem der Schlüssel steckt, er schaut sich um, -keiner da- er steigt ein und fährt weg. In diesem Moment kommt ein Mann aus dem anliegenden Haus und sieht geraden noch, wie sein Auto davonfährt – Nun scheint dies ein negatives Erlebnis zu sein, wenn einem das Auto gestohlen wird. Und auch der Akt des Stehlens ist in der Tat eine verwerfliche und unrechte Handlung. Betrachten wir den möglichen weiteren Verlauf der Geschichte.

Der Mann, dem das Auto gestohlen wurde, wollte gerade damit zu einem Händler fahren, um das Auto zu verkaufen, weil er hoch verschuldet ist und seine Miete nicht mehr zahlen kann. Zunächst sehr schmerzhaft, jedoch war auch der Händler ein Gauner, der ihm letztendlich nichts für das Auto bezahlen wollte u.s.w.

Der Dieb des Autos fährt mit dem gestohlenen Wagen nach Hause und kommt damit gerade richtig, um seine schwangere Frau zum Krankenhaus zu fahren, wo das Kind gerade noch gesund und munter auf die Welt gebracht werden kann. Der ursprüngliche Autobesitzer bekommt sein Auto zurück und dazu noch eine hohe Entschädigung von dem glücklichen Vater. Außerdem erfährt der Vermieter davon und erläßt dem bisher so Unglücklichen einen Teil der Miete.

Später wird das Kind ein berühmter Arzt der eine neue

Heilmethode entwickelt und so vielen Menschen eine Gesundung ihrer Krankheiten ermöglicht.

Unmöglich? Vielleicht? Aber vorstellbar, oder? Ich glaube und weiß, das Leben hat noch weit fantastischere Geschichten auf Lager. Ich bin sicher, auch Sie können da einiges erzählen, was Ihnen so passiert ist.

Nun also, betrachten Sie mal IHR Leben, das Vergangene, das Gegenwärtige, Ihre Ziel, Pläne, Möglichkeiten und Wünsche – egal was – fangen Sie einfach mal an, oder machen Sie weiter damit, denn Sie haben ja bereits begonnen, sind mittendrin – sonst hätten Sie DIESES BUCH nicht in Ihren Händen...

Was zunächst sinnlos oder unnütz erscheint, legen wir beiseite und legen es quasi unter „Diverse Erfahrungen" ab. Im Moment nehmen wir das, was wir gerade jetzt benötigen. Und wählen das aus, was wir einer weiteren Untersuchung unterziehen wollen.

Dann gibt es Erfahrungen, Erlebnisse, Umstände, Personen, Begegnungen, Wissensbereiche und... und... und, die wir vielleicht nicht ganz oder überhaupt nicht verstehen. Mit diesem gehen wir dann wie folgt vor:

Da ist ein Ding – zunächst nur ein Ding – vielleicht sogar viele Dinger oder Dingsbumse.
Jede Wissenschaft hat so angefangen. Erst ist es unbekannt und unbenannt. Vielleicht sogar gar nicht vorhanden, aber im Grunde doch, denn sonst könnte man es ja nicht

entdecken. Also wie z.B. Amerika. Nun es wurde dann eben entdeckt.

(und trotzdem ist es heutzutage immer noch chaotisch). Vielleicht deshalb, weil man es mit etwas verwechselte als es entdeckt wurde und der Entdeckungsprozess ist bis heute niemals abgeschlossen worden.

Das ist übrigens bei Allem so in unserem Universum. Wo kämen wir denn da auch hin? Was sollten denn die vielen Wissenschaftler, Erfinder und Finanzminister sonst zu tun haben, wenn sie keine neuen Krankheiten oder Steuern erfinden könnten. Aber wie dem auch sei.

Bleiben wir beim Chaos – greifen wir einfach irgend einen Zipfel der sich zeigt heraus, und beginnen ihn zu untersuchen, zu benennen und einzuschätzen. Das können Sie zum Beispiel auch bei Ihrer Nachttischschublade testen.

Erst mal nach einem einfachen System ordnen, vielleicht nach Farbe, Größe, Gewicht u.s.w. . Vielleicht auch nach Alter, Herkunft oder Brauchbarkeit (Verfallsdatum) oder so ordnen. So langsam Stück für Stück immer komplexer, je nach Gebiet in ein System bringen. Und so erhalten Sie, manchmal nach einiger Zeit, etwas Übersicht und etwas mehr Ordnung in das Ganze – und am Schluß suchen Sie dann das Chaos?

Und oh Wunder, es ist verschwunden.

Natürlich stelle ich das hier ein wenig vereinfacht vor, wenn man dabei an ein Gebiet wie die Welt der Insekten denkt – im Prinzip ist es jedoch genau so.

Nehmen wir einen Musiker, da haben wir also klein Karajan vor seinem ersten Notenblatt. Denken Sie nicht auch, daß der niemandem geglaubt hätte, wenn man ihm gesagt hätte, daß er später mal die Komplexität eines Orchesters beim Spielen einer Mozartsymphonie nicht nur verstehen sondern auch perfekt leiten könnte?

Das Ganze scheint nicht leicht zu sein und Herr Karajan hat mit an Sicherheit grenzender Wahrscheinlichkeit des öfteren „Scheisse" gebrüllt.

Aber hingekriegt hat er's. Nun sicher gibt es so etwas wie Talent und Begabung. Ich denke jedoch eher es ist einfach der Spaß an der Sache die jemandes Interesse dermaßen ankurbelt und aufrecht erhält bis er das, was er anstrebt auch erreicht.

Wenn nicht, dann gibt es in der Geschichte des Wissens eine Menge Hilfsmittel um das Interesse erstens zu erwecken und zweitens aufrecht zu erhalten. Heutzutage nennt man so etwas „ein Motiv" oder verständlicher einen „Beweggrund".

Es ist nicht verwunderlich, daß eine Menge Dinge erfunden oder entdeckt wurden wohinter sich das Motiv versteckt: „ Wie kann ich meine Gegner besser um die Ecke bringen"? Und später kam dann etwas allgemein nutzvolles heraus, wie zum Beispiel das Kettenfahrzeug. Letztendlich gibt es jedoch soviel Motive um Hintergründe aufzudecken, etwas zu ergründen, erforschen oder aus dem Chaos in die Ordnung zu befördern, wie es Gründe und Motive gibt um zu leben.

Motivation ist der Beweggrund, der Ansporn, der uns zum Tun bewegt. Motivation ist eine geistige Angelegenheit. Motivierend sind doch auch die schönen Dinge in unserem Leben. Geistige Energie ist vor allem der Antrieb, ob positiv oder negativ. Es ist jedoch eine beobachtbare Tatsache, dass unser Bewusstsein nur immer eine vorherrschende Energieform gleichzeitig wahrnehmen und somit ausführen kann.

Man kann sich also jederzeit nicht nur eine eigene Meinung zu etwas bilden, sondern auch ein gutes Gefühl. Tatsächlich ist Einbildung auch eine Bildung. Bilden Sie sich doch mal etwas gutes ein. Lebenskraft, Fröhlichkeit, Heiterkeit und was immer Sie gerne hätten oder sein möchten. Sie sind der Regisseur im Film Ihres Lebens.

Nehmen Sie zum Beispiel Lebenskraft. Schreiben Sie ein Drehbuch über Ihre Lebenskraft.

Was fällt Ihnen dazu ein (Im Film ist bekanntlich alles möglich), nehmen Sie ruhig mal ein Blatt Papier und schreiben Sie alles dazu auf, was Ihnen zu Lebenskraft einfällt. Zunächst einmal ganz allgemein. Denken Sie an fröhliche Kinder im Schwimmbad, an ein junges Pferd auf einer großen grünen Wiese, an einen Bergsteiger der gerade den

Gipfel erreicht, an einen Adler der hoch oben seine Runden dreht – und was fällt Ihnen selbst dazu ein? Wann hatten Sie Ihre Lebenskraft das letzte mal so richtig gefühlt?

Beschreiben Sie Lebenskraft, das ist Lebendigkeit, sie kann betriebsam, begeistert, überschäumend, temperamentvoll, schwunghaft, sprudelnd, dynamisch und auch schöpferisch, inspirierend, anregend, aufregend, wild und heiß sein – denken Sie an einen Vulkan – einen Blitz. (Im Film ist alles möglich) Seien Sie mal ein Blitz, ein Donner, ein Orkan auf dem Meer. Lassen Sie in Ihrer Fantasie keine Grenzen zu. Genehmigen Sie sich ein Stück göttliches Vergnügen. Es kostet diesmal wirklich nichts.

Machen Sie dieses kleine Experiment – und erfahren Sie was passiert.

Können Sie noch lachen? Worüber lachen Sie? Wann haben Sie das letzte Mal so richtig herzhaft gelacht? Ist doch egal worüber, Hauptsache gelacht. Was steckt dahinter? Hinter der Lebenskraft, der Fröhlichkeit, der Fantasie, der Energie u.s.w. SIE SELBST – Ja, das sind SIE – das Leben selbst.

Und da haben wir wieder etwas gefunden, wonach wir doch immer schon gesucht haben, oder? Das LEBEN.

Was? Warum? Wozu? und so weiter und so weiter ...

Die alte Frage: Was ist der Sinn und gibt es den überhaupt?

Nun, über Scheisse haben wir ja schon einiges herausgefunden, oder? Sicher nicht genug. Aber doch schon etwas mehr als am Anfang diese Buches. Von hier aus ist es nun nicht all zu weit auch noch den Rest der Welt und des Universums zu erforschen.

Es ist ein langer Weg, doch auch der weiteste beginnt mit dem ersten Schritt.

Jetzt wird aufgeräumt, sauber gemacht, jetzt kommt Licht ins Dunkel. Richtig poliert und geschliffen, können Sie strahlen, wie der hellste Diamant.

Schmeißen Sie allen Dreck über Bord (Aber bitteschön immer sauber und getrennt, in die Müllverwertungs-Anlage).

Kapitel 14:
Fazit – Das Leben ist ...

Also -zusammengefaßt: nehmen Sie all die Scheiße in Ihrem Leben! Vielleicht schreiben Sie jetzt einfach alles, was Ihnen „stinkt" mal auf einige Seiten Papier, (kann auch Klopapier sein) alles was Ihnen gerade so einfällt. Es wird am Anfang vielleicht nicht so einfach sein, jedoch mit etwas Übung wird es immer mehr. Ziehen Sie es sich selbst aus der Nase oder so. Sie haben wahrscheinlich eine Menge Scheiße im Hirn. Dann lesen Sie es sich immer wieder durch, sortieren Sie es in Nützliches und (zunächst) Unbrauchbares.

Finden Sie heraus, wozu könnte es brauchbar sein? Was für „Geschenke" könnten darin enthalten sein? Wenn es etwas Vergangenes war, „Wozu könnte es nützlich gewesen sein„? Was kann ich davon eventuell heute brauchen oder was könnte ich daraus lernen?

Einer meiner Lebens -Lehrer, Kurt Tepperwein, hat mal gesagt:

„Der Kluge lernt aus seinen Erfahrungen, der Weise lernt aus den Erfahrungen der anderen, nur der Narr lernt weder aus dem Einen noch dem Anderen."

Um hier Langeweile zu vermeiden, nehmen Sie einfach das Erste, was Ihnen einfällt:

Schreiben Sie es auf – untersuchen Sie es – zerlegen Sie es in seine Bestandteile und finden Sie etwas Nützliches darin. **Es ist dabei ungeheuer wichtig, daß Sie dies schriftlich machen, also aus sich heraus-schreiben. Es sollte auf keinen Fall ein in sich rumgrübeln sein**, gehen Sie sozusagen aus sich heraus.

Dann untersuchen Sie es – finden Sie alles, was sie können darüber heraus. Beleuchten Sie einfach mal die dunklen Seiten des Lebens und, wer weiß, vielleicht sind Sie am Ende er-leuchtet?

Wenn Sie dabei auf etwas stoßen, das Sie nicht verstehen oder meinen nicht verstehen zu können – sei es eine zwischenmenschliche Sache oder sie wissen einfach zu wenig über etwas – schreiben Sie es dazu! Z.B. „Darüber muß ich mehr wissen", „Darüber brauche ich mehr Informationen" (auch das sind Erkenntnisse). Wenn Sie nicht gleich die Informationen besorgen können, notieren Sie sich diese und erledigen sie es später. So daß Sie wirklich alles herausfinden, was Sie brauchen.

Nehmen sie ein Wort, daß sie nicht ganz verstehen oder worüber sie mehr wissen wollen und schlagen sie es in einem Wörterbuch nach. Interessant ist es auch, dieses Wort oder den Begriff in verschiedene Sprachen zu übersetzen und dessen Bedeutung dort nachzuschauen. Finden Sie auch heraus, woher dieses Wort kommt, wie und woraus es entstanden ist.

Etymos, (wahrhaft oder wirklich) nannten es die alten Griechen, die Wirklichkeit, das was hinter den Worten wirkt, was Aufschluß gibt. So entstand die Wissenschaft Etymologie, die Lehre von der wahren Bedeutung der Worte.

Es geht darum, das Dunkle, Verborgene zu finden, um es im Lichte der Erkenntnis zu betrachten. Denn nur das Licht verscheucht die Dunkelheit.

Es muß herausgebracht werden, nicht nur meditativ innerlich betrachtet, so daß man es vor sich liegen hat, um es mit der Lupe des Bewußtseins untersuchen zu können.

Wenn es auch auf den ersten Blick tatsächlich die größte Scheiße ist, auseinandergepflückt, genauestens untersucht, werden Sie die brauchbaren und nützlichen Erkenntnisse für sich selbst darin finden können.

Das Angeführte und Folgende erhebt hier in keiner Weise den Anspruch eine Art Therapie oder eine Lebensphilosophie zu sein. Lediglich einen Weg, die Dinge des Lebens, die uns selbst betreffen, leichter verständlich zu machen. Eine Möglichkeit, wie man etwas betrachten kann, um so aus den Schwierigkeiten und Verwirrungen des täglichen Lebens etwas Nutzvolles herauszufinden.

Ich hege hiermit in keiner Weise die Absicht der Vollständigkeit oder sogar „wissenschaftlich" zu sein. Und es steckt auch keinerlei Absicht dahinter, irgend eine Behauptung aufzustellen. Es ist einfach nur meine Meinung, die ich hier kundtue.

Auch habe ich eine Menge Wissen und Weisheiten bewußt gar nicht erst erwähnt. Im Gegenteil, Sie werden, nach einiger Suche vielleicht sogar herausfinden, daß ich manchmal sogar etwas bewußt unvollständig gelassen habe, um Ihnen, lieber Leser, die Chance einzuräumen Ihre eigene Wahrheit herauszufinden.

Was ist denn falsch oder richtig? Und was ist Wahrheit? Darüber haben sich weit klügere Leute den Kopf und so manches Andere zerbrochen

Sie haben es erforscht, herausgefunden und sogar aufgeschrieben. Und da können Sie es dann finden. Und tatsächlich, da habe auch ich es entdeckt. Die einzige Möglichkeit für Sie, es auch herauszufinden ist – zu suchen!

Wer suchet, der findet. Das ist die nackte Wahrheit. Suchen heißt, etwas genau zu betrachten, zu untersuchen, zu hinterfragen, das Wesen entdecken. Suchen heißt, nicht zurückzuschrecken vor Autorität oder sogenannten Tatsachen der exakten Wissenschaften.

Selbst wissen kann man nur etwas, das man auch selbst untersucht hat. Sie brauchen dazu aber jetzt nicht alle Wissenschaften auf einmal in Frage zu stellen, es reicht, wenn Sie einfach mit dem beginnen, das Sie im Moment tatsächlich interessiert.

Um im Sinne diese Buches zu sprechen, was ist denn Scheiße im Moment? Dann fangen Sie an zu suchen und Sie werden finden.

Da gab es Leute, denen es immer am Abend zu dunkel gewesen ist oder andere, die nicht gerne meilenweit zu Fuß gehen wollten, um irgend wo hinzukommen.

Es wäre weder eine Glühbirne noch ein Auto erfunden worden, und Sie würden heute noch auf einer Scheibe sitzen und an deren Rand herunterfallen, wenn es nicht Leute ge-geben hätte die gesucht haben, und nicht zurückgeschreckt sind, bis Sie das gefunden oder anders, er-funden haben, was heute die Welt bewegt und erleuchtet.

Ich bitte Sie, er-finden Sie Ihre Welt. Jeder kann es, jeder hat alles, was er dazu braucht. Das ist das Einmalige der Schöpfung. Sie ist nicht zu Ende, sie hat nicht aufgehört zu sein, sie ist immer und ewig dabei zu werden.

Also ist vieles eine Sache der Betrachtung. Man könnte auch Geschmacksache sagen. Deshalb streiten Sie nicht über Geschmack, sondern probieren Sie selbst, ob es auch Ihnen schmeckt. Nicht umsonst arbeitet die Industrie fieberhaft daran, immer neue Geschmacksrichtungen zu finden.

Warum hat noch keiner eine Tablette erfunden, nach deren Einnahme seine Scheiße nach Veilchen oder Früh-lingsblumen riecht? Oder noch besser, eine die die Scheiße im Darm umwandelt, so daß sie gleich wieder als Wiener Würstchen raus kommt?

Das hört sich vielleicht unappetitlich an aber es würde vielen Schweinen das Leben retten. Wie auch immer, Sie selbst sind die Ursache Ihrer Betrachtungen, also, Sie kön-nen selbst entscheiden, wie Sie etwas betrachten möchten.

Wie bei dem Beispiel mit dem Verkäufer:

Ein Schuhverkäufer wird auf eine Insel geschickt, um den Eingeborenen Schuhe zu verkaufen. Nach einigen Tagen kommt er zurück mit der Betrachtung, dort gäbe es nichts zu verkaufen, weil niemand auf der ganzen Insel Schuhe trägt. Daraufhin wird ein anderer Schuhverkäufer auf die Insel geschickt. Er kommt jedoch nicht zurück, sondern sendet ein Telegramm: Bitte schickt sofort 1000 Paar Schuhe, hier trägt keiner welche, also brauchen sie alle welche. Wie aber überzeugte der Verkäufer die Eingeborenen? Wahrscheinlich, in dem er eine Tüte Reißnägel verschüttete und sofort entstand ein Bedarf.

Was könnte man daraus schließen? Es gibt immer einen Weg und meistens gibt es sogar viele Wege, ein Problem zu lösen. Mindestens genauso viele Wege wie man ein Problem verursachen kann.

Ich habe in meinen Seminaren eine Vielzahl von Verkäufern gehabt, die mich fragten:„ Wie kann ich jemandem etwas verkaufen, was er nicht möchte?" Meine Antwort: „Hat Ihnen jemals jemand etwas verkauft, das Sie eigentlich gar nicht wollten? Wie haben Sie sich hinterher darüber gefühlt? – Und so etwas wollen Sie einem Anderen antun?"

Nun wieder zurück zu unseren Worten.

Es gibt also mehrere Möglichkeiten ein Wort, eine Sache oder eine Situation zu betrachten, erstens die Bedeutung in unserer Sprache, worüber sich die Allgemeinheit einig geworden ist. Also die, die im Wörterbuch steht. Und zweitens die, die Sie sich selbst erschaffen haben. Also Ihre eigene Meinung dazu. Und die können Sie sich wirklich selbst erschaffen.

„Freiheit ist die Fähigkeit, sich mit der eigenen Entscheidung zu identifizieren„ (Jean Paul Sartre, Franz. Philosoph und Schriftsteller)

Das bedeutet jedoch nicht, sich anzulügen oder sich irgend etwas vorzumachen. Wenn man zum Beispiel vor etwas Angst hat, so sollte man sich nicht vorsagen ... Ich habe keine Angst ... ich habe keine Angst...u.s.w., sondern erst einmal überhaupt festzustellen, daß man vor diesem oder jenem Angst hat.

Wovor könnte man Angst haben? Interessant ist dabei dies Wortspiel – Ich habe vor etwas Angst! Betrachten Sie dies ganz genau: Sie haben „vor" etwas Angst, also davor, bevor es eingetreten ist. Ist es eingetreten müssen Sie nun keine Angst mehr davor haben.

Und stellen Sie sich vor es würde überhaupt nicht eintreffen und Sie hätten völlig umsonst Angst davor gehabt!

Ich habe über hundert Leute barfuß durchs Feuer laufen lassen, davor hatte jeder Angst, fünf Minuten vor dem Feuerlauf wars absolut still. Kurz nachdem die Leute dann barfuß über das Feuer liefen, hätten Sie die mal gehört, da war eine Volksfeststimmung angebrochen. Und jeder, der dies mal durchgemacht hat, hat hinterher weit weniger Angst vor dem Feuer, auch die, die sich dabei (kam auch mal vor) etwas die Füße verbrannt hatten, hatten trotzdem weniger Angst, weil sie nun wissen, das man es überleben kann durchs Feuer zu gehen – und dies ist symbolhaft für die vielen Ängste und Feuer, durch die man manchmal gehen muß.

Es gibt Berichte von vielen Menschen, die schon einmal kurzzeitig so gut wie tot waren, man sagt dazu „ todesnahe Erfahrungen" oder so, diese Leute haben hinterher fast so gut wie keine Angst mehr vor dem Tod. Sie sind fest davon überzeugt, dass, wenn der Tod so ist, wie sie es erfahren haben, man sich auf diese Erfahrung ja schon fast freuen kann.

Vor was haben die Leute denn dann noch Angst?

Das wäre mal interessant herauszufinden. Egal, wir HABEN jedoch noch unsere Ängste – oder? Mindestens vor dem Gerichtsvollzieher oder der Schwiegermutter.

Untersucht man genauestens, was es denn eigentlich ist, wovor man Angst hat, so beginnt man am Besten das Wort selbst zu untersuchen .

Z.B. Angst, lateinisch: angustus, „eng". Fragen Sie sich dazu, was engt mich denn da ein? Es ist immer etwas, wovon ich nicht alles weiß, mein Bewußtsein darüber ist „eingengt". Wenn Sie also die Sache als nächstes nehmen, wovor Sie Angst haben, werden Sie immer mehr darüber herausfinden und dann kommt die Bewertung.

Jedes MEHR an Wissen über etwas ist ein WENIGER an Angst!

Welchen Wert kann es haben, was ist es wovor ich Angst habe, wenn ich Angst, z.B. vor dem Allein sein habe? Hier bieten sich unglaubliche Möglichkeiten, völlig neue Betrachtungen über einen Lebensbereich, eine Situation, eine Sache zu bekommen.

Finden Sie jemanden, der davor keine Angst hat und fragen Sie ihn, warum er denn keine hat. Sie werden sehen, dass es eine Vielzahl von Betrachtungsmöglichkeiten gibt. Wie man sich selbst seine eigene Meinung dazu bilden kann.

Hier liegt jetzt das Hauptproblem. Wenn jemand über etwas eine Meinung hat, so kann er sie für sich selbst behalten und es gibt keine Probleme. Es ist ja zunächst seine eigene Wahrheit. Wie heißt es in dem Liedchen ... die Gedanken sind frei ... Sobald er sie jedoch anderen mitteilt, stößt er auf die Meinung des Anderen. Entweder beide stimmen darüber ein, das diese Meinung richtig ist, haben also die selbe Sicht der Dinge, oder es gibt Differenzen.

Nun kann man mit Hilfe von Kommunikation die Gesichtspunkte miteinander austauschen und vielleicht eine Einigung finden oder jeder bleibt einfach bei seiner Meinung.

Die Verständigung untereinander ist dementsprechend gut je mehr Übereinstimmungen man findet.

„ Gleich und Gleich gesellt sich gern"

Findet man jedoch zu viele unterschiedliche Betrachtungen wird es auf Dauer zu einer Trennung zwischen den Personen führen, weil keiner den anderen verstehen kann.

Da dieses Buch jedoch dafür geschrieben wurde, sich selbst besser verstehen zu können und mit der Scheiße in unserem Leben besser zu recht zu kommen, sollten Sie hier und jetzt erstmal nur mit sich selber einig werden.

Jetzt sind Sie der Herr im Haus. Sie bestimmen allein, wie Sie eine Sache betrachten möchten. Und indem Sie sich mit sich selbst auseinander setzen, finden Sie immer mehr Dinge heraus, die Ihnen hilfreich und nützlich sein können.

Überhaupt ist das Geheimnis, wie man etwas herausfindet, eine Methode der Unterscheidung – es ist überaus wichtig angenommene Begriffe mit Tatsachen zu vergleichen. Es ist ein himmelweiter Unterschied ob man etwas sagt oder es tut. Verwechselt man Gesagtes mit Getanem oder Getanes mit Gesagtem, so beginnen bereits die ersten Schwierigkeiten.

Ich werde ... ist eine Absichtserklärung, es kann ein Versprechen sein (Manch einer sagt dann hinterher, wenn es eben nicht getan wurde „da muß ich mich wohl versprochen haben ...„) oder ein Wunsch, ein Ziel oder nicht mal das.

Hiermit wird all zu leicht umgegangen. Im Grunde ist dies nichts falsches an sich, jeder braucht Absichten, Ziele u.s.w. Nur ist die Falle die, daß man es mit einer tatsächlichen Tat verwechselt oder diese voraussetzt. Was wurde gesagt? Jemand möchte etwas tun oder sein. Gut! Aber wann ist oder tut er es wirklich? Wenn es tatsächlich vollendet und abgeschlossen ist.

Man hat ein Ziel.
Man möchte es tun.
Man möchte es erreichen.
Man hat es tatsächlich vor.
Wieviel davon wird später tatsächlich getan – niemand weiß es wirklich. Wer garantiert, das es tatsächlich geschieht?

Alles ist möglich – aber es bleibt im Bereich des „Möglichen", es ist noch keine Wirklichkeit. Es ist eine Wortgruppe aus – mögen – Vermögen – hierin steckt die Erreichbarkeit, die Fähigkeit, Potenz – Mögen kommt vom russischen: mogu – ich kann! Es gibt eine Steigerung der Einstellung: Ich würde – ich könnte bis hin zu -ich kann.

Jeder steckt irgendwo innerhalb dieser Skala bezüglich verschiedenen Situationen.
Und genauso, wie Sie vieles gemeinsam mit allen anderen Mitmenschen haben, genauso unterscheiden Sie sich auch von allen Anderen.
Sie sind in Ihrer Art und Weise einmalig – Sie gibt es nicht ein zweites Mal.
Deswegen versuchen Sie nicht irgend jemanden nachzumachen oder so zu sein oder werden wie jemand anderer.

Tun Sie alles auf Ihre eigene Weise – seien Sie einfach Sie selbst. Vielleicht sind Sie besser als andere, in bestimmten Bereichen, und Sie werden wahrscheinlich auch in mancher Hinsicht schlechter als andere sein.

Karl Lagerfeld sagte mal: „Ach Geld, da gibt es immer ein paar die mehr davon haben..."

Ich schätze, es gibt auch ein paar, die weniger haben.

Zu intelligent kann man möglicherweise nicht sein, wohl eher zu dumm.

Die Traumfigur, na ja, wer sie hat, hat sicherlich auch seine Mühe, sie zu behalten.

Ich persönlich denke, dass es genügt, an sich zu arbeiten um sich ständig ein wenig zu verbessern. Auf dem einen oder anderen Gebiet eben ein Stückchen zu wachsen oder zu reifen. Wachstum allgemein ist tatsächlich das Ziel des Lebens überhaupt.

Aber lassen Sie sich nicht drängen oder unter Druck setzen – setzen Sie sich Ihre eigenen Ziele, in Ihrer eigenen Geschwindigkeit, so wie Sie sich selbst wohl dabei fühlen.

Niemand tut alles, was er könnte – niemand kann alles, was er möchte.

Jetzt sind Sie an der Reihe!

Und das ist ja nur der Anfang ...hier, am Ende dieses Buches beginnt es ja erst, hier beginnt Ihre Suche.

Ihr persönliches „Such und Finde" Spiel.

Auch wenn sich dieses Buch um unsere Scheiße dreht, wie die Erde um die Sonne, so habe ich Sie damit bestimmt nicht beschissen, denn ich beende dies mit dem dringlichen Hinweis: Bitte GLAUBEN Sie mir NICHTS, überprüfen Sie alles selbst.

Ich hoffe, ich konnte Sie ein wenig „kitzeln" und würde mich freuen, wenn wir uns auf unseren Wegen begegnen.

Bleiben Sie bitte NEUGIERIG, viel Spaß bei Ihrem Scheiß-Spiel!

Vielen Dank

Enrico A. Kern
April 2003

Nach Wort

Da dieses Lebens-Spiel kein Ende hat, ist auch das Nachwort kein Schlußwort und ich hoffe, kein Nachruf, sondern nur eine Art Zusammenfassung der Betrachtung, die immer weiter erschaffen wird.

Die Logik und Konsequenz ist, daß jeder Mensch absolut einmalig und einzigartig ist, jeder lebt in SEINER Welt. Das Leben und die Welt sind untrennbar miteinander verbunden. Auch wenn es ein Leben ohne Welt geben könnte, so wäre dieses Leben nicht erfahrbar ohne eine Umgebung in Raum und Zeit, und ohne ein Gegenstück an dem es sich erkennen kann.

Ich rufe hiermit keinesfalls zum puren Egoismus auf, jeder Mensch ist auch auf die Hilfe der Anderen angewiesen, keiner lebt nur für sich alleine, doch wenn man etwas im Leben verändern will, so sollte man zuerst seine eigene Welt einigermaßen in Ordnung bringen, bevor man damit beginnt, seine Umgebung zu verändern.

Womit erklären und erfahren wir unsere Welt? Durch Betrachtungen und Beurteilungen mit Worten. Erst die Worte helfen uns die Welt zu begreifen. Das, was wir uns „Ein-Bilden" wird erst durch Worte beschrieben, um es zu erkennen.

So kann jedes Lebewesen nur seine eigene Welt erfahren und in ihr leben. Selbst wenn es sich die umgebenden Lebewesen vorstellen, sich in sie hineinfühlen und durch Kommunikation austauschen können, bleibt es in sich selbst eine einmalige Einheit.

Die unglaubliche Unendlichkeit der Vielfalt, die es zu erleben gibt, ist sowohl als Herausforderung als auch als Chance gleichermaßen wertvoll.

Alles ist offen, alles ist möglich, alles ist in dauernder Veränderung.

Kein einziges Element oder erfahrbarer Zustand ist gleichbleibend und beständig.

Jeder Zustand, der erwünscht ist, sei es Glück, Erfolg oder jegliche Verbindung mit dem Leben und den Lebewesen darin muß, um es zu erhalten oder weiterbestehen zu können, immer wieder NEU hergestellt werden.

Es beginnt sogleich nach dem es erschaffen wurde, wieder zu verschwinden, denken Sie an irgend einen Zustand, den wir gerne haben, den wir erwünscht, erschaffen und erlebt haben, er beginnt unmittelbar im Moment der Erfahrung zu verblassen, wenn er nicht dauernd gepflegt, wiederholt und erneuert wird.

Jedes Geheimnis, das entdeckt und gelüftet wurde verschwindet sofort als Geheimnis, es verliert seinen Reiz und wir verlieren das Interesse daran. Dies ist nicht nur bei den erwünschten, sondern auch bei den unerwünschten Erfahrungen so.

Das große Glück genauso wie die großen Schmerzen oder Unglück, jeder kann selbst entscheiden, was er in seinem Leben erhalten oder wovon er sich lösen will. Das ist die Freiheit und die Verantwortung, die das Leben uns ermöglicht.

Manchmal erscheint es uns in bestimmten Situationen, dass Zustände länger andauern oder anscheinend bestehen bleiben. Materielle oder feste Dinge scheinen länger bestehen zu bleiben wie Ideen oder Gedanken und es scheint auch schwerer, sie zu ändern. Doch auch dies ist nur scheinbar, die Idee des Kommunismus ist, auch wenn dessen Umsetzung gescheitert scheint, immer noch in vielen Köpfen vorhanden. Ein Gebäude kann tausend Jahre bestand haben, oder auch in Minuten zerstört werden. Dinge, Umstände, Meinungen, Trends u.s.w. verändern sich stündlich im Zeitalter des Internets, genauso wie Besitzverhältnisse oder Beziehungen.

Menschen sterben von Minute zu Minute, ganz plötzlich und unerwartet.

Kaum ist jemand geboren, hat das Licht der Welt erblickt, schon ist er in Gefahr sein Leben wieder zu verlieren. Wenn man es genau betrachtet, so beginnt der Mensch im Augenblick seiner Geburt bereits zu sterben.

Egal ob dies nun Jahre oder Tage dauert. Ob wir dies nun gut oder schlecht empfinden ist unsere eigene Entscheidung.

Ob wir dies als Unglück oder Chance sehen ist allein unsere Wahl.

Dies ist eine Frage der Betrachtung. Fragen Sie sich selbst, beobachten Sie sich selbst, betrachten und bewerten Sie sich selbst, Ihr Leben, in allen Einzelheiten und genauestens. Es ist ein Spiel mit sich selbst.

Sie sind der Spieler, das Leben ist das Spielfeld, alle anderen sind die Mitspieler. Sie entscheiden wobei Sie mitspielen und wen Sie als Gegner oder Partner betrachten möchten. Daraus ergeben sich die Regeln.

Und bitte versuchen Sie die drei größten Dummheiten der Menschheit zu vermeiden:

1. Die Dummheit zu glauben, man wisse schon alles.
2. Die Dummheit zu glauben, es gäbe etwas Unwissbares, das niemand je wissen könnte.
3. Die Dummheit, Wissen mit Glauben zu verwechseln.

Es ist sowohl Ihr Leben als auch unser Leben, da wir auf dieser Welt miteinander verbunden sind.

Machen wir es uns so gut, schön und spannend und so interessant wie möglich.

Danke!